Pe. Thiago Faccini Paro

O Caminho

Iniciação à Vida Cristã com Adultos

Diário Catequético
CATEQUIZANDO

"O que nós ouvimos, o que aprendemos, o que nossos pais nos contaram, não ocultaremos de nossos filhos; mas vamos contar à geração seguinte as glórias do Senhor, o seu poder e as obras grandiosas que Ele realizou." (Sl 78,3-4)

EDITORA VOZES

Petrópolis

© 2021, Editora Vozes Ltda.
Rua Frei Luís, 100
25689-900 Petrópolis, RJ
www.vozes.com.br
Brasil

1ª edição, 2021.

8ª reimpressão, 2025.

Todos os direitos reservados. Nenhuma parte desta obra poderá ser reproduzida ou transmitida por qualquer forma e/ou quaisquer meios (eletrônico ou mecânico, incluindo fotocópia e gravação) ou arquivada em qualquer sistema ou banco de dados sem permissão escrita da editora.

Conselho editorial

Diretor
Volney J. Berkenbrock

Editores
Aline dos Santos Carneiro
Edrian Josué Pasini
Marilac Loraine Oleniki
Welder Lancieri Marchini

Conselheiros
Elói Dionísio Piva
Francisco Morás
Teobaldo Heidemann
Thiago Alexandre Hayakawa

Secretário executivo
Leonardo A.R.T. dos Santos

Produção editorial

Anna Catharina Miranda
Eric Parrot
Jailson Scota
Marcelo Telles
Mirela de Oliveira
Natália França
Priscilla A.F. Alves
Rafael de Oliveira
Samuel Rezende
Verônica M. Guedes

Diagramação: Ana Maria Oleniki
Revisão: Francine Porfirio Ortiz
Ilustrações: Alexandre Maranhão; Guto Godoy; Luiz Henrique Alves Pinto
Capa: Ana Maria Oleniki
Ilustração de capa: Guto Godoy

ISBN 978-65-5713-020-9

Este livro foi composto e impresso pela Editora Vozes Ltda.

Este Diário Catequético pertence a:

Nome: _____

Endereço: _____
_____
_____

E-mail: _____

Paróquia: _____
Comunidade: _____
Diocese: _____
Catequista: _____

Observações:

SUMÁRIO

Apresentação, 7

O que é o Diário Catequético?, 9

 MEUS ENCONTROS DE CATEQUESE, 13

1º Encontro – A quem procurais?, 15

2º Encontro – A fé, dom de Deus, transmitida de geração em geração, 19

3º Encontro – Deus se revela na história, 23

4º Encontro – Acolher o projeto de Deus, 26

5º Encontro – Bíblia: coleção de livros, 29

6º Encontro – A linguagem bíblica, 36

7º Encontro – Bodas de Caná, 38

8º Encontro – Jesus cura o filho do funcionário do rei, 40

9º Encontro – Jesus cura o paralítico, 42

10º Encontro – A partilha dos pães, 44

11º Encontro – Jesus caminha sobre as águas, 47

12º Encontro – O cego de nascença, 49

13º Encontro – A ressurreição de Lázaro, 51

14º Encontro – A Bíblia revela a História da Salvação, 53

15º Encontro – Jacó e as doze tribos de Israel, 55

16º Encontro – A escravidão no Egito, 58

17º Encontro – A libertação do Egito e a instituição da Páscoa, 62

18º Encontro – A Aliança e as Tábuas da Lei, 69

19º Encontro – Juízes, reis e profetas, 73

20º Encontro – O Messias esperado: Deus se faz homem, 77

21º Encontro – A vida pública e o anúncio do Reino, 81
22º Encontro – Do lado aberto de Jesus na cruz, nasce a Igreja, 84
23º Encontro – As primeiras comunidades, 87
24º Encontro – A fé professada pela Igreja, 92
25º Encontro – Deus se dá a conhecer plenamente, 96
26º Encontro – Morreu e ressuscitou para nos salvar, 102
27º Encontro – Creio no Espírito Santo... na vida eterna, 108
28º Encontro – A celebração do Mistério Pascal, 115
29º Encontro – A comunicação litúrgica, 119
30º Encontro – O Ano Litúrgico, 123
31º Encontro – A Eucaristia: fonte e ápice de toda a vida cristã, 129
32º Encontro – Convocados pela Trindade, 134
33º Encontro – A Liturgia Eucarística, 143
34º Encontro – Batismo e Confirmação, 151
35º Encontro – O Sacramento da Penitência e da Reconciliação, 158
36º Encontro – O Sacramento da Unção dos Enfermos, 161
37º Encontro – O Sacramento da Ordem, 164
38º Encontro – O Sacramento do Matrimônio, 169
39º Encontro – A vida de oração, 176
40º Encontro – Pai-nosso, 180
41º Encontro – As nossas súplicas ao Pai, 186
42º Encontro – Sal da terra e luz do mundo, 193

 ALGUMAS ORAÇÕES CRISTÃS, 195

APRESENTAÇÃO

Estimados catecúmenos e catequizandos,

Jesus, ao subir para o Pai, deixa aos apóstolos a missão de levar o Evangelho a todos os povos: "*Ide por todo o mundo, pregai o Evangelho a toda criatura*" (Mc 16,15). Se mais de dois mil anos depois tivemos a oportunidade de conhecer e receber o anúncio do Evangelho, fazer a experiência de Jesus Cristo e de nos tornar CRISTÃOS, foi graças aos homens e mulheres que assumiram com fervor o mandamento de Jesus.

Continuando essa missão, propomos a você um itinerário de INICIAÇÃO CRISTÃ para que, atraído por Jesus, possa conhecer e compreender em sua Igreja os mistérios de nossa fé, e as maravilhas de segui-lo. Este percurso constituído por encontros de catequese, celebrações e momentos de diálogo e convivência fraterna, sem dúvida exigirá de você um pouco de esforço, empenho e dedicação. O itinerário é gradativo e está organizado em quatro Tempos e três Etapas, que podem ser vistos como a subida de uma escada:

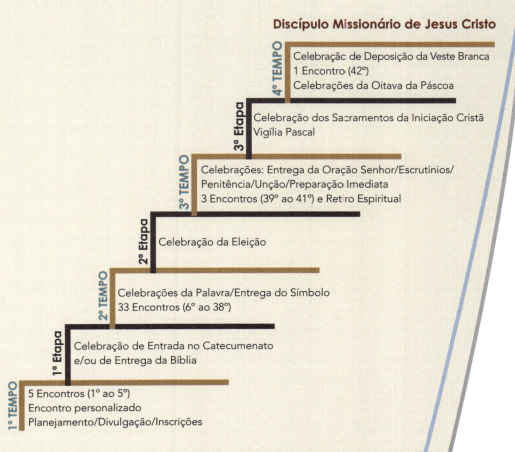

Discípulo Missionário de Jesus Cristo

- **4º TEMPO**: Celebração de Deposição da Veste Branca — 1 Encontro (42º) — Celebrações da Oitava da Páscoa
- **3ª Etapa**: Celebração dos Sacramentos da Iniciação Cristã — Vigília Pascal
- **3º TEMPO**: Celebrações: Entrega da Oração Senhor/Escrutínios/Penitência/Unção/Preparação Imediata — 3 Encontros (39º ao 41º) e Retiro Espiritual
- **2ª Etapa**: Celebração da Eleição
- **2º TEMPO**: Celebrações da Palavra/Entrega do Símbolo — 33 Encontros (6º ao 38º)
- **1ª Etapa**: Celebração de Entrada no Catecumenato e/ou de Entrega da Bíblia
- **1º TEMPO**: 5 Encontros (1º ao 5º) — Encontro personalizado — Planejamento/Divulgação/Inscrições

Que este seja um tempo *kairótico*, ou seja, um tempo oportuno da graça de Deus em sua vida. Desejamos que, por meio de cada encontro e tema refletido, seja possível a você se aproximar de Deus e do seu amor. Este tempo não voltará, portanto não o desperdice... Aproveite ao máximo cada minuto!

A partir de hoje este Diário irá ajudá-lo a meditar as coisas aprendidas na catequese e aproximá-lo de Jesus e da sua Palavra.

Receba meu abraço junto com minha oração e bênção,

Pe. Thiago Faccini Paro

O QUE É O DIÁRIO CATEQUÉTICO?

Este Diário é um rico instrumento que o ajudará na compreensão dos temas refletidos na catequese. Ao longo das atividades de cada encontro você será questionado sobre como vivenciar melhor sua fé, colocando em prática os mandamentos e ensinamentos de Jesus e da Igreja.

Portanto, dedique um pouco do seu tempo para pensar e meditar sobre os assuntos abordados, pois eles com certeza o ajudarão a avaliar suas opiniões e ações, transformando a sua vida e todo o seu ser.

COMO USAR O DIÁRIO CATEQUÉTICO?

Além de usá-lo nos encontros de catequese, ao término deles procure um local calmo e tranquilo, tendo em mãos seu Diário e sua Bíblia.

Releia atentamente o texto bíblico meditado no encontro e recorde o tema e os principais assuntos discutidos. Em seguida analise cada pergunta e atividade, respondendo-as com a sinceridade do seu coração. Lembre-se de que suas respostas não serão dirigidas ao seu catequista, mas primeiramente a você mesmo e a Deus.

Este é um momento oportuno em sua vida para colocar-se na presença de Deus e com Ele dialogar. Não tenha medo de conversar com Ele e de ouvi-lo. Mais do que ninguém, Deus quer você pertinho Dele.

ORIENTAÇÕES PARA LECTIO DIVINA

A Palavra de Deus, sem dúvida, é a primeira fonte que nós cristãos temos para conhecê-lo e Dele se aproximar. Dada a sua importância, a Igreja nos deixou um antiquíssimo método para sua leitura, compreensão e meditação: a *Lectio Divina*. Um método sistematizado pelo monge Guigo, em 1150, que nos possibilita crescer e amadurecer na fé, confrontando nossa vida com a vida de Jesus, os seus mandamentos e ensinamentos.

A *Lectio Divina* torna-se um poderoso instrumento que, herdado por nós, ajudará você a compreender os textos sagrados e a experimentar o Verbo que se fez carne e armou sua tenda entre nós: Jesus Cristo (cf. Jo 1,1-18). O método da *Lectio Divina* consiste em quatro passos: leitura, oração, meditação e contemplação. Assim sintetiza Guigo:

> A leitura procura a doçura da vida bem-aventurada; a meditação a encontra; a oração a pede; e a contemplação a experimenta. A leitura, de certo modo, leva à boca o alimento sólido, a meditação o mastiga e tritura, a oração consegue o sabor, a contemplação é a própria doçura que regala e refaz. A leitura está na casca, a meditação na substância, a oração na petição do desejo, a contemplação no gozo da doçura obtida. (Guigo, Cartuxo, *Scala Claustralium*)

Deste modo, ler a Sagrada Escritura, seguindo os passos da *Lectio Divina*, é como subir uma escada de quatro degraus que nos levara a ouvir o que Deus tem a nos dizer.

1º Degrau: LEITURA

A leitura é um exercício externo, e o grau dos principiantes. Tenhamos, portanto, a humildade de ler a Sagrada Escritura mesmo quando, às vezes, nós temos a pretensão de já conhecê-la. A leitura deve ser desinteressada, gratuita, amorosa e na fé, o que requer dedicação de tempo para não ser realizada de maneira superficial.

> A explicação de cada degrau da *Lectio Divina*, encontra-se em: KAMILA, Layla. Quais são os passos da *Lectio Divina*? Jovens Conectados: Comissão da Juventude da CNBB. Disponível em: https://jovensconectados.org.br/quais-sao-os-passos-da-lectio-divina.html. Acesso em: 1 fev. 2021.

Para uma boa leitura, é necessário primeiro lançar sobre o texto bíblico um olhar impessoal, analisando a cena descrita, a linguagem utilizada e o contexto histórico e sociocultural. A partir disso podemos inferir o sentido literal da Palavra. Mas a riqueza dos textos bíblicos, no Antigo e Novo Testamentos, de forma implícita ou explícita, sempre nos permite um encontro com Jesus, o Verbo do Pai. É o que tradicionalmente se conhece por sentido alegórico (ou cristológico) da Escritura. A Palavra de Deus sempre carrega também um sentido moral (ou antropológico), uma lição prática que pode nos conduzir a um comportamento justo. Por fim, toda a Escritura nos faz entrar, já aqui na terra, na visão do Céu e do Eterno. Podemos, assim, ler a Palavra de Deus em seu sentido escatológico.

2º Degrau: MEDITAÇÃO

É o ato da inteligência que nos coloca acima dos sentidos. É o grau daqueles que progridem e dos que já podem meditar a Palavra de Deus. Para que a Palavra possa penetrar e produzir os seus efeitos em nós, é necessário constância e perseverança no exercício da meditação.

É importante ressaltar que a meditação do texto bíblico não deve-se limitar ao tempo do exercício da *Lectio Divina*, pois somos chamados a continuar a meditar a Palavra durante o nosso dia, e mesmo no decorrer de nossos trabalhos e atividades, permitindo à Escritura realizar um trabalho de frutificação interior em nossa alma.

3º Degrau: ORAÇÃO

A oração é a minha resposta pessoal à leitura da Boa Nova. Depois de ter lido, penetrado, meditado o texto, podemos sentir o desejo de fechar a nossa Bíblia para louvar o Senhor. A partir da Palavra viva, nossa oração pode tomar múltiplos aspectos, como o louvor, a ação de graças e o reconhecimento, mas também a contrição do coração, o pedido, a intercessão e a súplica.

4º Degrau: CONTEMPLAÇÃO

A contemplação é o que fica nos olhos e no coração, quando acabou a oração. É fundamentalmente a concentração da minha atenção, não em sentimentos ou em orações, mas em Jesus Cristo e na minha relação pessoal com Ele. É importante durante a etapa da contemplação guardar um pequeno trecho da Escritura (um versículo) que mais tenha falado ao seu ao coração, para ser levado durante todo o dia.

Algumas perguntas ainda poderão nos auxiliar na *Lectio Divina*:

cf. BUYST, Ione. *O ministério de leitor e salmistas*. São Paulo: Paulinas, 2001.

- Isto já aconteceu comigo?
- Isto serve para mim?
- Isto diz respeito à minha realidade ou de minha família/comunidade?
- Qual é o assunto, a mensagem ou a ideia principal do texto?
- Qual o gênero literário?
- Qual a mensagem de Deus nesta passagem da Bíblia?

- Qual o contexto deste texto na Bíblia?
- Quais são os personagens que aparecem na passagem da leitura? (O que fazem?; por quê o fazem?; com que objetivo o fazem?; como se relacionam?; o que sentem?)
- Em que ambiente está se passando?
- Há palavras difíceis no texto? (Recorra a outras traduções da Bíblia ou a um dicionário, preferencialmente bíblico, para buscar sinônimos.)
- Tente perceber as várias partes da leitura.

Meu momento de oração diária

Todos os dias faça o seu momento de oração pessoal. Escolha um lugar calmo, tranquilo, e ali se coloque em profundo silêncio. Peça que Deus envie o Espírito Santo para iluminar você. Poderá invocá-lo cantando ou rezando a oração:

"Vinde, Espírito Santo, enchei os corações dos vossos fiéis e acendei neles o fogo do vosso amor.

Enviai o vosso Espírito, e tudo será criado, e renovareis a face da terra.

Oremos:
Ó Deus, que instruístes os corações dos vossos fiéis com a luz do Espírito Santo, fazei que apreciemos retamente todas as coisas segundo este mesmo Espírito e gozemos sempre da Sua consolação. Por Cristo, Senhor nosso. Amém."

Depois pare, respire fundo e escute Deus, que lhe fala no silêncio.

Poderá então, se o tempo permitir, ler um texto bíblico da liturgia diária e refleti-lo seguindo os passos da *Lectio Divina*... Veja o que Deus tem a lhe dizer a partir de sua Palavra na Sagrada Escritura.

Depois de escutar, faça a sua oração... Pedindo... Agradecendo...

Este momento em que dedica a Deus um pequeno tempo do seu dia a dia o ajudará a compreender, desde cedo, o tamanho do AMOR de Deus por você e a encontrar o sentido da vida.

Meus encontros de catequese

1º Encontro — A quem procurais?

LEIA e MEDITE o texto de Jo 1,35-42.

João Batista foi o precursor de Jesus, o responsável por preparar o seu caminho e apontá-lo como o Messias prometido. Os discípulos de João então começam a seguir Jesus a fim de conhecê-lo melhor. Depois de estar e conviver com Ele, o reconhecem verdadeiramente como Messias e passam a anunciá-lo, tornando-se seus discípulos missionários.

Guto Godoy

É hora de PENSAR e REGISTRAR o meu encontro

» Quem foi João Batista? Pesquise e escreva um pouco de sua história.

_____
_____
_____
_____
_____
_____

» Quais as suas motivações para aceitar trilhar este itinerário da Iniciação Cristã?

_____
_____
_____
_____
_____
_____

» Cole ou escreva o nome da pessoa pela qual você se comprometeu a rezar esta semana:

Para CONHECER e APRENDER ✝

Leia a passagem bíblica de Mt 2,1-12 e o texto a seguir.

Os *reis magos*, eram homens pagãos, mas, incansáveis, seguiram uma estrela e foram ao encontro de Jesus. Como essa história narrada pelo Evangelho de Mateus nos ajuda a refletir sobre o que meditamos no encontro de catequese?

Os três magos e os presentes

Os *reis magos* são personagens citados apenas no Evangelho de Mateus (cf. Mt 2,1-12), relatando que visitaram o menino Jesus trazendo-lhe presentes: ouro, incenso e mirra. O evangelista não diz quantos eram nem se eram reis, muito menos quais eram seus nomes. Porém, ao longo do tempo, adquiriu-se uma devoção muito grande a esses personagens, como se pode ver na piedade popular.

O termo "mago", no tempo de Jesus, era sinônimo de "sábio", tratamento dado de modo especial aos que estudavam os astros (astrólogos ou astrônomos).

O texto diz que os reis magos viram uma estrela e foram, por isso, até a região onde nascera Jesus. Nesse caso, os magos que vieram adorar Jesus eram pagãos de boa-fé que, desejosos de conhecer a verdadeira religião, veem nos sinais do céu a resposta às suas interrogações.

Guto Godoy

De acordo com a narração de Mateus, sabendo que se tratava do nascimento de um rei, os magos vão até o palácio de Herodes em Jerusalém e perguntam quem era o rei que nascera, pois viram aparecer a "sua estrela". Herodes claramente não conhecia a profecia do Antigo Testamento (Mq 5,1) e consultou os sábios que lhe serviam sobre o lugar onde deveria nascer o Messias. Quando soube que o lugar era Belém, mandou-lhes àquela cidade, pedindo-lhes que o avisassem com exatidão onde encontrar o menino para que "também ele pudesse adorá-lo". Na verdade, Herodes não tinha a intenção de adorar o menino Jesus, e sim de matá-lo, dado que se sentiu ameaçado e com medo de perder o seu poder.

Guiados pela estrela, os magos chegaram a Belém, que ficava a cerca de dez quilômetros de Jerusalém. Diante do menino, ofereceram-lhe como presentes ouro, incenso e mirra. Tendo sido avisados, em sonho, para não dizer nada a Herodes, voltaram para as suas terras por um outro caminho. Uma vez descoberto o engano, o rei Herodes mandou matar todas as crianças de Belém que tivessem menos de dois anos.

Os presentes trazidos pelos magos são ricos em significados: o ouro é o metal precioso por excelência e simboliza a realeza, um presente reservado aos reis na Antiguidade; o incenso é símbolo da divindade, um perfume que se queima nos templos para simbolizar a oração que chega a Deus assim como a fumaça que sobe ao céu, presente reservado na época aos sacerdotes; a mirra vem de uma planta que, misturada ao óleo, era usada para fins medicinais, cosméticos, religiosos e também para embalsamar corpos, simbolizando a humanidade, o futuro sofrimento redentor de Cristo, e era o presente dado aos profetas. Dessa maneira, através dos presentes, os magos reconheceram o menino Jesus como Rei, Deus e Profeta.

A primeira possível menção aos nomes dos magos ocorreu no Evangelho Apócrifo de Armeno 5,10, no fim do século VI:

> Um anjo do Senhor foi depressa ao país dos persas para avisar aos reis magos e ordená-los a irem adorar o menino que acabara de nascer. Estes, depois de caminharem durante nove meses guiados pela estrela, chegaram à meta exatamente quando Maria tinha dado à luz. Importa saber que, naquele tempo, o reino persiano dominava todos os reis do Oriente, por causa do seu poder e das suas vitórias. Os reis magos eram três irmãos: Melquior, que reinava sobre os persianos; Baltasar, que era rei dos indianos, e Gaspar, que dominava no país dos árabes.

Ainda, os nomes podem ser encontrados nos escritos de São Beda (673-735) que mencionou seus significados: Gaspar é "aquele que vai inspecionar", Melquior significa "meu Rei é luz", e Baltasar se traduz por "Deus manifesta o Rei". Para São Beda e para alguns outros doutores da Igreja, os três magos representam as três raças humanas existentes, em idades diferentes. Nesse sentido, representavam os reis e os povos de todo o mundo.

Alguns estudiosos interpretam a chegada dos magos como o cumprimento da profecia de David: "Os reis de Társis e das ilhas enviarão presentes, os reis de Sabá e Seba pagarão tributo. Todos os reis se prostrarão diante dele, e todas as nações o servirão" (Sl 72,10-11).

A festa da adoração dos reis magos ao menino Jesus recebeu o nome de Epifania do Senhor. Epifania provém de um termo grego que significa "manifestação; aparição; fenômeno miraculoso". A Solenidade da Epifania do Senhor é celebrada em 6 de janeiro, mas a liturgia a coloca no domingo entre 2 a 8 de janeiro no Brasil.

Diante disso, o que podemos aprender com a visita dos magos e com os presentes oferecidos ao menino Jesus? A passagem do Evangelho de Mateus, mais do que narrar um fato histórico, quer transmitir uma mensagem: o menino Jesus fora rejeitado pelo poder constituído da época. Por outro lado, Ele foi acolhido e reconhecido por pessoas que não tinham títulos especiais e pelos gentios, isto é, não judeus. Portanto, Mateus quer mostrar que o menino Jesus veio para todos, crentes e não crentes, judeus e não judeus. Sua mensagem é universal, destinada a ir longe. Os presentes mostram sua identidade: o Messias, Rei dos reis, enviado a cumprir plenamente o projeto do Pai, anunciando o Reino e denunciando todas as injustiças.

2º Encontro — A fé, dom de Deus, transmitida de geração em geração

LEIA e MEDITE o texto de At 8,26-40.

Desde a criação do mundo, Deus se revelou à humanidade e, através dos tempos, manifestou seu amor a ponto de entregar o seu próprio Filho por amor a cada um de nós. A fé da humanidade neste Deus onipotente sobreviveu através dos séculos e foi passada de geração para geração.

Com a vinda de Cristo e o nascimento do cristianismo, a Igreja se inicia com os primeiros discípulos que assumem com fidelidade e sem medo o mandato de Jesus de ir e anunciar o Evangelho a todos os povos (cf. Mc 16,15). Com isso, formada por todos nós, a Igreja torna-se a transmissora da fé.

É hora de PENSAR e REGISTRAR o meu encontro

» Você já viveu momentos nos quais teve a sensação de que Deus lhe tinha abandonado? Como superou esses momentos?

_____
_____
_____
_____
_____
_____
_____
_____
_____

⟫ Sublinhe no texto tudo o que é preciso para viver e fortalecer a sua experiência de fé.

A fé é um ato pessoal: a resposta livre do homem à iniciativa de Deus que se revela. Ela não é, porém, um ato isolado. Ninguém pode crer sozinho, assim como ninguém pode viver sozinho. Ninguém deu a fé a si mesmo, assim como ninguém deu a vida a si mesmo. O crente recebeu a fé de outros, deve transmiti-la a outros. Nosso amor por Jesus e pelos homens nos impulsiona a falar a outros de nossa fé. Cada crente é como um elo na grande corrente dos crentes. Não posso crer sem ser carregado pela fé dos outros, e pela minha fé contribuo para carregar a fé dos outros. 'Eu creio': esta é a fé da Igreja, professada pessoalmente por todo crente, principalmente pelo batismo. 'Nós cremos': esta é a fé da Igreja confessada pelos bispos reunidos em Concílio ou, mais comumente, pela assembleia litúrgica dos crentes. 'Eu creio' é também a Igreja, nossa Mãe, que responde a Deus com sua fé e que nos ensina a dizer: 'eu creio', 'nós cremos'. (CATECISMO DA IGREJA CATÓLICA – CIgC, n. 167)

⟫ Por que não podemos viver a fé sozinhos? Qual a importância de viver em comunidade?

_____
_____
_____
_____
_____
_____
_____
_____
_____
_____

Para CONHECER e APRENDER ✚

> **Sugestão de Leitura:**

Sugerimos a leitura da Carta Apostólica sob forma de *Motu Proprio*, intitulada *Porta Fidei*, do Papa Bento XVI, com a qual se proclama o Ano da Fé. É uma leitura facilmente encontrada na *internet*, sobretudo no site da Santa Sé: www.vatican.va

Refletindo e aprendendo com a PALAVRA DE DEUS

Durante a semana, faça uma *Lectio Divina* dos textos a seguir.

➤ Texto bíblico: Sl 78,1-7.

Para ajudar na reflexão:

- A fé da humanidade no Deus onipotente sobreviveu através dos séculos e foi passada de geração em geração, como nos testemunha o salmista, que convoca o povo a não ocultar as glórias do Senhor e os seus feitos pela humanidade.

- O Salmo retrata um costume judaico, no qual ao celebrar a sua Páscoa, a cada ano, o ancião reúne as gerações mais novas e narra toda a obra da salvação operada por Deus. Dessa forma, os judeus ensinam isso aos seus filhos, e os filhos ensinam isso às gerações seguintes e, assim, a fé no Deus libertador nunca será esquecida nem apagada. A fé será perpetuada.

- Os primeiros cristãos herdaram essa tradição judaica de testemunhar e transmitir a fé às futuras gerações. Se a Mãe Igreja ainda hoje anuncia as grandes maravilhas de Deus é porque houve pessoas comprometidas com o Evangelho, que entregaram suas vidas pelo anúncio do Reino. Pessoas que receberam o anúncio, que tiveram fé, que acreditaram e não se cansaram nem desanimaram diante das perseguições e dificuldades.

- A Igreja, da qual hoje fazemos parte pelo Batismo, há mais de dois mil anos não se cansa de transmitir a fé de geração em geração. E qual o futuro desse anúncio? Se vivemos a fé hoje é porque alguém a transmitiu. O futuro da Igreja e desse anúncio cabe a cada um de nós. As gerações seguintes só conhecerão a fé se verdadeiramente a viverem como Igreja e se a testemunharem com a própria vida.

➤ Texto bíblico: Mc 4,34-40.

Para ajudar na reflexão:

- O barco representa a Igreja enviada ao mundo repleto de dificuldades, problemas e desafios. Enquanto Igreja, somos chamados a avançar pelas águas testemunhando o amor e a nossa fé em Jesus Cristo.

- A tempestade representa todas as coisas más – a divisão, o egoísmo, a falta de caridade e amor – que infelizmente adentram nossas comunidades, famílias e instituições.

- Diante disso, achamos que Jesus dorme, que Ele não se importa ou se esqueceu de nós... Porém Jesus está ali, ao nosso lado, nos questionando sobre a nossa fé.

- Jesus, sem dúvida, é o único que pode acalmar e fazer silenciar nossas "tempestades"; basta termos fé e gritarmos o seu Nome.

- Ter fé e acreditar em Jesus, no entanto, não significa uma vida mansa e calma, com ausência de problemas e conflitos. Jesus sabia que nossa caminhada de fé não seria fácil e disse a todos que quisessem segui-lo para assumirem a cruz de cada dia (Mt 16,24).

- A fé é acreditar no impossível, naquilo que não se vê, não se explica... É ter a certeza de que onde não existe solução, no seu tempo, Deus agirá. E muito mais que isso, é ter a firme convicção de que Deus tem um plano de amor e salvação para todos nós, revelado e cumprido por Jesus. A nossa fé é o combustível que nos faz mover até o céu, ao encontro do próximo.

3º Encontro — Deus se revela na história

Leia e MEDITE o texto de At 13,16-26.

Paulo, em seu discurso aos israelitas, resume todo o Projeto de Salvação que Deus fez para a humanidade. Desde a criação do mundo e do pecado do homem, Ele propõe um caminho de arrependimento, reconhecimento, conversão e aliança. Escolhe um homem, Abraão, e constitui um povo eleito a partir dele. Ao longo dos séculos, Deus se revela à humanidade e se relaciona com ela. Com o passar do tempo, o povo vai compreendendo o projeto de Deus, vai amadurecendo... Inúmeros acontecimentos e muitas alianças foram seladas entre Deus e seu povo. Então, no tempo oportuno, Deus se revelou plenamente ao enviar seu Filho único, Jesus Cristo.

É hora de PENSAR e REGISTRAR o meu encontro

» Retome o texto bíblico de At 13,16-26, meditado no encontro de catequese, e complete a linha do tempo a seguir com os dados fornecidos por Paulo em sua pregação.

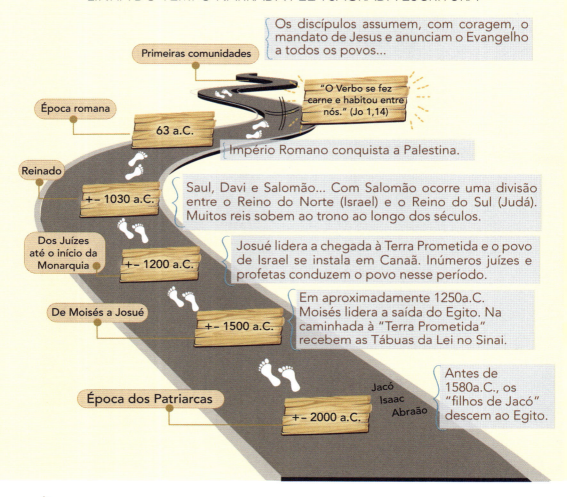

A linha do tempo apresentada é apenas um resumo da história do povo de Israel e do seu relacionamento com Deus, porém muitos outros fatos estão descritos na Sagrada Escritura. As datas são aproximadas, mas nos oferecem uma ideia de toda essa trajetória.

Agora é com você: procure no final de uma Bíblia o quadro cronológico ou a tabela com os fatos bíblicos e observe alguns desses acontecimentos até chegar a Jesus Cristo. Registre o que mais chamou sua atenção.

_____
_____
_____
_____
_____

Para PENSAR e CONSTRUIR

» Elabore a linha do tempo de sua vida cristã. Para isso escreva os períodos (anos, décadas...) e os acontecimentos marcantes (sacramentos, festividades...) desde o seu nascimento até hoje. Recorde os momentos bons e os que precisaram ser superados, sobretudo os relacionados à experiência cristã.

4º Encontro — Acolher o projeto de Deus

LEIA e MEDITE o texto de Lc 1,26-45.

Maria escuta atentamente as palavras do anjo e, mesmo não sabendo como tudo aconteceria, confia no projeto de Deus ao dizer seu "sim". O anjo também lhe diz que sua prima Isabel, esposa de Zacarias, estéril e idosa, conceberia e daria à luz um filho: João Batista (cf. Lc 1,5-25). Maria, mais do que depressa, se coloca a caminho e vai ao encontro de Isabel.

> Maria era uma jovem que vivia em Nazaré. Seus pais chamavam-se Joaquim e Ana. Vivia humildemente e cheia de fé, esperando a vinda do Messias, o Salvador, que os profetas tinham anunciado.
>
> Maria é então escolhida por Deus, para ser a Mãe do Salvador: Jesus.
>
> Os pais de Maria tornam-se os avós de Jesus, por isso são considerados pela Igreja protetores de todos os avós. Em 26 de julho celebramos sua memória e, por causa disso, também celebramos o dia de todos os avôs e avós.

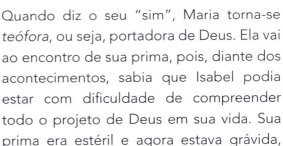

Quando diz o seu "sim", Maria torna-se *teófora*, ou seja, portadora de Deus. Ela vai ao encontro de sua prima, pois, diante dos acontecimentos, sabia que Isabel podia estar com dificuldade de compreender todo o projeto de Deus em sua vida. Sua prima era estéril e agora estava grávida, era idosa e seu marido, mudo. Isabel com certeza precisava compreender todos esses últimos acontecimentos. Maria, então, ao ir ao seu encontro, torna-se resposta e ocasião de cura para Isabel. Maria torna-se portadora da Boa Notícia, portadora de Deus para a sua prima.

É hora de PENSAR e REGISTRAR o meu encontro

» Leia o texto de Lc 1,5-25 e descubra como Zacarias recebeu o anúncio do anjo sobre a promessa de que seria pai de João Batista. Depois compare os anúncios de Zacarias e Maria, e descreva a diferença e as reações de cada um.

_____
_____
_____
_____
_____
_____

» Em Lc 1,68-79 você encontrará o cântico que Zacarias eleva a Deus em gratidão por ter lhe dado a graça de ser pai. A exemplo de Zacarias, escreva um cântico agradecendo a Deus por ter nos dado Jesus como salvador.

_____
_____
_____
_____
_____
_____
_____
_____

» Como podemos ser portadores de Deus na vida de inúmeras pessoas que hoje estão desanimadas e sem esperança? Descreva ações que você pode fazer no seu dia a dia, sendo presença de Deus na vida das pessoas.

_____
_____
_____
_____
_____
_____
_____

Para CONHECER e APRENDER

O Nascimento da Mãe de Deus

Há poucos registros sobre a história e vida de Maria, mas algumas tradições e costumes, além de alguns relatos bíblicos, nos dizem que: Joaquim e Ana são os pais de Maria (avós de Jesus). A Igreja celebra o nascimento de Maria no dia 8 de setembro, comemoração que remonta ao século V. Maria nasceu de um milagre, já que seus pais tinham idade avançada. Aos 3 anos, Maria é apresentada no Templo, onde permaneceu até os 12 anos, quando seu pai Joaquim faleceu. Embora esse fato não seja comprovado canonicamente, somente narrado em alguns escritos apócrifos, a Igreja inseriu no Missal Romano este dia litúrgico (21 de novembro) para recordarmos que, antes mesmo de o Mestre vir ao ventre de Maria, Ela já o tinha em sua mente, em seu coração, em sua espiritualidade como discípula e, depois, como Mãe de Deus.

Guto Godoy

A Igreja ainda celebra, em 25 de março, a *anunciação* feita pelo anjo. Maria confia cegamente e diz "sim", sem se importar com o noivado, apesar da rigidez da época. Ainda noiva, Maria confia o segredo de sua gravidez a José, que, sendo um homem justo, prepara-se para abandoná-la em silêncio – não deseja denunciá-la, uma vez que, de acordo com a lei judaica, podia-se acusar a mulher de adultério e fazê-la receber como pena o apedrejamento. Em sonho, José descobre que Maria seria mãe do Messias.

Em algumas passagens bíblicas, o Evangelho cita Maria: anunciação (Lc 1); nascimento de Jesus, adoração dos pastores e magos (Lc 2,1-2); apresentação do menino Jesus no Templo (Lc 2,22-38); a perda e o encontro de Jesus no Templo (Lc 2,4); meditando silêncio (Lc 2,51); nas Bodas de Caná na Galileia (Jo 2,1-11); ao pé da Cruz, quando Cristo presenteia Maria como mãe da humanidade e a humanidade à sua filiação (Jo 19, 26-27); Pentecostes, a vinda do Espírito Santo e a fundação da Igreja cristã (At 1,14).

Não há registros históricos do momento da morte de Maria. Diz a Tradição que sua morte, conhecida como Dormição da Virgem Maria, ocorreu em 42 d.C. A Igreja comemora no dia 15 de agosto o dogma da *assunção* de Maria, sua elevação ao céu.

Hoje, Maria é conhecida no mundo todo e invocada com diversos títulos: N. Sra. Aparecida, N. Sra. do Rosário, N. Sra. de Fátima, N. Sra. de Guadalupe etc.

Os catequizandos poderão ser incentivados a citar outros títulos da devoção mariana, porém se deve deixar claro que, apesar de conhecida por diversos nomes, ela é a mesma mulher: Maria, Mãe de Deus.

5º Encontro — Bíblia: coleção de livros

LEIA e MEDITE o texto de 2 Tm 3,15-17.

Deus se tornou muito próximo de nós para mostrar o seu amor, para que as pessoas soubessem QUEM Ele é, para que o amassem e conhecessem seus ensinamentos. Deus inspirou algumas pessoas para que escrevessem sua carta para nós. Pela Bíblia, percebemos que

Deus é amor. No Antigo Testamento, Deus falou para seu povo através de pessoas que escolheu para anunciar seu amor. No novo Testamento, Ele mesmo falou pelo seu Filho, Jesus Cristo.

É hora de PENSAR e REGISTRAR o meu encontro

Para ajudar a memorizar quais são os livros da Bíblia, registre seus nomes no quadro a seguir e, ao lado, a maneira como são abreviados.

Livros do Antigo Testamento

	Livro		Abreviatura
PENTATEUCO		➡	
		➡	
		➡	
		➡	
		➡	

29

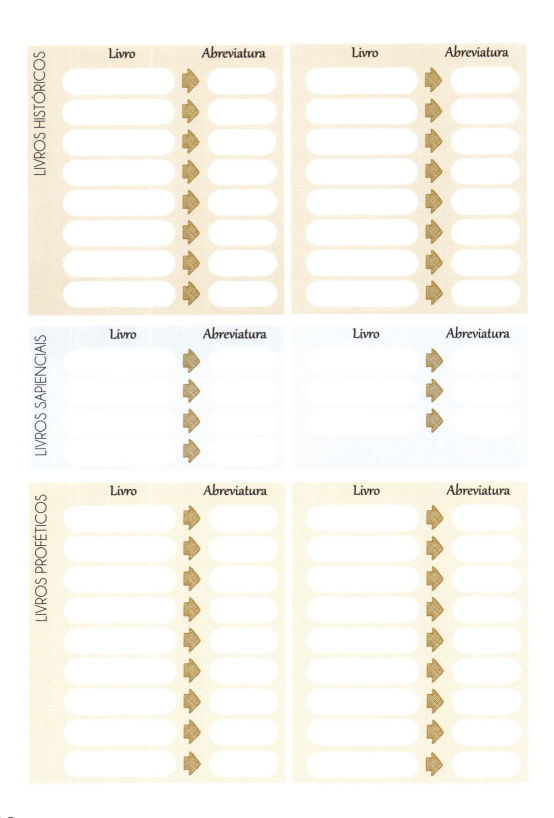

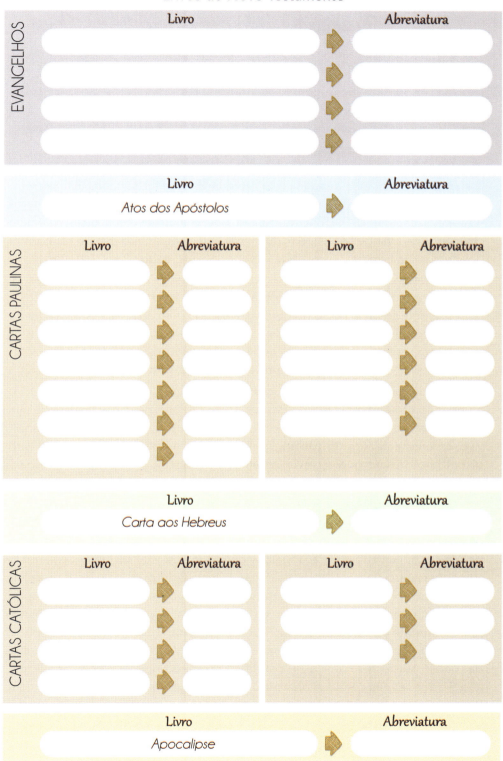

Para CONHECER e APRENDER

Os quatro Evangelhos: vida e ensinamentos de Jesus

A palavra *Evangelho* provém de um termo grego e significa "boa mensagem", "boa notícia" ou "boas novas". Pode, ainda, ser traduzido por "eu anuncio, trago uma mensagem, uma notícia". Os Evangelhos são um gênero de literatura do cristianismo dos primeiros séculos, ou seja, uma maneira de escrever que narra a vida de Jesus, suas palavras e atitudes, a fim de preservar seus ensinamentos e revelar o Reino de Deus.

São quatro os livros da Bíblia chamados de Evangelhos, e dão início ao Novo Testamento: Evangelho segundo São Mateus, Evangelho segundo São Marcos, Evangelho segundo São Lucas e Evangelho segundo São João. Existiam muitos outros textos escritos na época, ou um pouco posteriores a estes, também chamados de Evangelhos. Porém, quando a Igreja começou a estudá-los e juntá--los num único livro (Bíblia), recolheu apenas alguns, dado o seu conteúdo.

Os textos que foram aceitos e formaram a Bíblia são chamados de cânon. Os textos que não fazem parte do cânon bíblico são chamados de apócrifos e são considerados apenas como objeto de estudo, não aceitos como Palavra de Deus. Sendo assim, existem muitos outros Evangelhos chamados de apócrifos que foram escritos geralmente depois dos quatro Evangelhos canônicos. Alguns desses Evangelhos deixaram vestígios importantes na tradição cristã.

Os quatro Evangelhos canônicos (os únicos que o cristianismo primitivo admitiu como legítimos) foram escritos após a ressurreição de Jesus e de sua subida aos céus. Cada um foi escrito com um objetivo. Além, claro, de manter vivo os ensinamentos do Mestre, cada um dos autores tinha um propósito distinto por trás do que escrevia, enfatizando aspectos diferentes da pessoa e do ministério de Jesus.

O evangelista Mateus escreve com o objetivo de convencer os judeus de que Jesus era mesmo o Messias esperado. Por isso enfatiza nos seus relatos passagens do Antigo Testamento com profecias a esse respeito. O Evangelho de Marcos foi escrito para evangelizar de modo especial os romanos, e relata somente quatro das parábolas de Jesus, destacando principalmente as ações Dele. Lucas, por sua vez, escreve para os que não eram judeus, enfatizando a misericórdia de Deus através da salvação que vem por Jesus Cristo, principalmente aos pobres e humildes de coração. O último dos Evangelhos, o de João, foi escrito para doutrinar os novos convertidos. Não cita nenhuma das parábolas de Jesus (afinal, as parábolas já eram conhecidas no meio cristão, através dos relatos contidos nos outros três Evangelhos), porém combate com firmeza as primeiras heresias surgidas no início do cristianismo.

O Evangelho de João é o único dos quatro Evangelhos que relata a história de Jesus de um modo substancialmente diferente. Já os três primeiros, por contarem com grande quantidade de histórias em comum e organizadas na mesma sequência, utilizando-se algumas vezes exatamente de iguais estrutura e palavras, são conhecidos e chamados de Evangelhos sinóticos.

O nome *sinótico* também provém do grego e significa "junto", "mesmo", "ver", "ótica", "olhar", pois apresenta uma mesma perspectiva sobre os acontecimentos. Podemos, portanto, ler o texto dos três Evangelhos sob um mesmo ponto de vista. Isto é, podemos colocar os Evangelhos em três colunas e perceber suas semelhanças ou diferenças. Desse modo, temos quatro Evangelhos canônicos, dos quais três são sinóticos.

Além dessas informações e da compreensão do que são os quatro Evangelhos, é preciso saber que cada evangelista escreveu tendo como destinatários os membros de suas comunidades, que eram grupos bastante específicos. Porém, esses escritos rompem o tempo e o espaço. Quando lidos com fé têm muito a nos dizer e, hoje, a ensinar. Em cada relato evangélico é preciso se perguntar: qual a mensagem que o evangelista quer transmitir com esse texto? O que esse texto tem a nos dizer? Cada capítulo e versículo, com certeza, nos ajudará a compreender quem foi Jesus e o que Ele ainda hoje pode nos ensinar.

Os símbolos dos quatro evangelistas

A iconografia cristã e sua tradição atribuiu uma imagem a cada um dos quatro evangelistas, que se tornou símbolo dos Evangelhos. Esses símbolos foram extraídos da visão do profeta Ezequiel (1,1-4 e 10,14), que vislumbrou a glória de Deus sobre um carro com quatro rodas imensas que ia da terra ao céu. Em cada roda existia uma figura: a de um anjo, a de um leão, a de um boi e a de uma águia. A tradição cristã conferiu aos evangelistas o simbolismo desses quatro animais: o anjo para São Mateus; o leão para São Marcos; o touro para São Lucas; e a águia para São João. O texto de Apocalipse 4,6-7 é utilizado também como uma das fontes dessa atribuição ao falar de quatro seres vivos com aparência de touro, leão, ser humano e águia.

Os primeiros a relacionarem os evangelistas com esses seres foram Santo Ireneu (†203) e Santo Agostinho (†430). Surgiu, assim, o costume de representá-los nas pinturas e esculturas junto aos seus símbolos, chamados de "Animais Alados".

Mateus, representado por um anjo ou homem alado, inicia o seu Evangelho com a genealogia de Jesus Cristo, mostrando a sua origem e descendência humana marcada pelo seu nascimento. É a dimensão da obra-prima de Deus, que criou o homem à sua imagem e semelhança.

Marcos, representado por um leão alado, remete às feras que habitam o deserto, pois o evangelista inicia o seu Evangelho falando de João Batista, a voz que clama no deserto. É a dimensão da força, realeza, poder e autoridade do Filho de Deus.

Lucas, simbolizado pelo touro alado, inicia o seu Evangelho falando de Zacarias, sacerdote em função naquele ano (cf. Lc 1,525), cuja tarefa era oferecer sacrifícios no Templo de Jerusalém. O touro é a representação dos sacrifícios oferecidos, é a dimensão da oferta a Deus.

João, por fim, é representado por uma águia alada por causa do elevado estilo do seu Evangelho, que fala da Divindade e do Mistério altíssimo do Filho de Deus. Ele inicia seu Evangelho de cima para baixo, falando do Verbo que estava junto de Deus (cf. Jo 1,1-5). Daí a águia, por ser a ave que voa mais alto e faz os seus ninhos nos montes mais elevados. É a dimensão da liberdade do Filho de Deus diante das forças deste mundo.

Refletindo e aprendendo com a PALAVRA DE DEUS

Durante a semana, faça uma *Lectio Divina* do Evangelho da Liturgia Diária:

Dia	Livro	Capítulo	Versículos

- O que o texto lhe diz?

_____
_____
_____
_____

Dia	Livro	Capítulo	Versículos

- O que o texto lhe diz?

_____
_____
_____
_____

Dia	Livro	Capítulo	Versículos

- O que o texto lhe diz?

_____
_____
_____
_____
_____

Dia	Livro	Capítulo	Versículos

- O que o texto lhe diz?

_____
_____
_____
_____
_____

Dia	Livro	Capítulo	Versículos

- O que o texto lhe diz?

_____
_____
_____
_____
_____

Dia	Livro	Capítulo	Versículos

- O que o texto lhe diz?

_____
_____
_____
_____
_____

6º Encontro — A linguagem bíblica

LEIA e MEDITE o texto de Hb 4,12-13.

A Palavra de Deus é fonte de revelação de todo o Mistério de nossa salvação. Ler e meditar diariamente os textos bíblicos é se aproximar de Jesus, é ouvir o que Ele tem a nos dizer a cada dia. Para isso, é preciso compreender que a Bíblia tem uma linguagem própria, não é um livro de história que simplesmente narra fatos do passado. Para compreendê-la é preciso sempre perguntar a mensagem que o autor quer transmitir ao escrever seus capítulos e versículos, pois cada texto revela a experiência de fé de uma comunidade orante e temente ao Senhor. Desta forma, é preciso entrar em sintonia com o texto, ou seja, reconhecer-se dentro dele, identificando-se com algum dos personagens ou as situações descritas pela narrativa.

Alexandre Maranhão

É hora de PENSAR e REGISTRAR o meu encontro

Vamos exercitar o que aprendemos no encontro. Leia o texto do Evangelho de Lc 5,27-32. Depois, responda:

- O que mais gostou nessa Palavra?

- Qual a mensagem de Deus nesta passagem da Bíblia?

_____
_____
_____
_____
_____
_____
_____

Refletindo e aprendendo com a PALAVRA DE DEUS

Dia	Livro	Capítulo	Versículos

- O que o texto lhe diz?

_____
_____
_____
_____
_____
_____
_____

7º Encontro — Bodas de Caná

LEIA e MEDITE o texto de Jo 2,1-11.

O evangelista João apresenta sete sinais (milagres) em seu Evangelho. Em cada um dos sinais, ele nos quer transmitir uma mensagem. As bodas de Caná são o primeiro sinal e o primeiro milagre que Jesus realiza a pedido e por intercessão de sua mãe. Neste sinal, nos é feito o convite: "Façam tudo o que Ele vos disser". É o convite que a Igreja hoje nos faz: obedecer aos mandamentos de Jesus e de segui-lo, colocando em prática as suas ordens.

Romolo Picoli Ronchetti

É hora de PENSAR e REGISTRAR o meu encontro

» Leia na Bíblia a introdução ao Evangelho de São João, grifando o que achou interessante nas informações apresentadas.

- Que mensagem você encontra na passagem das Bodas de Caná, e o que mais gostou neste primeiro sinal?

_____
_____
_____
_____
_____
_____
_____

Refletindo e aprendendo com a PALAVRA DE DEUS

» Durante a semana, faça uma *Lectio Divina* de um dos Evangelhos da Liturgia Diária:

Dia	Livro	Capítulo	Versículos

- O que o texto lhe diz?

8º Encontro — Jesus cura o filho do funcionário do rei

LEIA e MEDITE o texto de Jo 4,46-54.

O segundo sinal apresentado pelo evangelista João quer mostrar que a salvação é dom de Deus para todos os que se abrem e respondem a esse dom. O funcionário do rei, que era pagão, pede a Jesus a cura do seu filho que estava doente. Jesus lhe responde dizendo que pode retornar para casa, pois seu filho já estava passando bem. Acreditando e confiando nas palavras de Jesus, ele retorna para casa e encontra o filho curado.

Alexandre Maranhao

É hora de PENSAR e REGISTRAR o meu encontro

» Qual a mensagem que você compreendeu ao ler e meditar o segundo sinal apresentado por João em seu Evangelho?

_____
_____
_____
_____
_____

≫ O que é necessário para alguém ter a atitude daquele pagão de acreditar e confiar nas palavras de Jesus? Em quais momentos isso acontece?

_____
_____
_____
_____
_____
_____
_____
_____
_____
_____

Refletindo e aprendendo com a PALAVRA DE DEUS

≫ Durante a semana, faça uma *Lectio Divina* de um dos Evangelhos da Liturgia Diária:

Dia	Livro	Capítulo	Versículos

- O que o texto lhe diz?

_____
_____
_____
_____
_____
_____
_____

9º Encontro — Jesus cura o paralítico

LEIA e MEDITE o texto de Jo 5,1-9.

O terceiro sinal apresentado pelo Evangelho de João é a cura do paralítico. Neste fato encontramos não somente um paralítico, mas toda uma população que vive em total carência de vida, de dignidade, "paralisada" e explorada por aqueles que estavam no poder. Assim como o paralítico, ainda hoje muitas pessoas não têm ninguém por elas, vivem sem ter os seus direitos respeitados e são ignoradas pela sociedade e pelos governantes.

Guto Godoy

É hora de PENSAR e REGISTRAR o meu encontro

» Que mensagem você compreende da passagem deste terceiro sinal apresentado por São João?

_____
_____
_____
_____
_____
_____
_____
_____
_____
_____

≫ Quando Jesus perguntou se queria ficar curado, o paralítico respondeu: "Senhor, não tenho ninguém". Que iniciativas você pode ter para ajudar pessoas que vivem este mesmo sofrimento?

_____
_____
_____
_____
_____
_____
_____

(Refletindo e aprendendo com a PALAVRA DE DEUS

≫ Durante a semana, faça uma *Lectio Divina* de um dos Evangelhos da Liturgia Diária:

Dia	Livro	Capítulo	Versículos

- O que o texto lhe diz?

_____
_____
_____
_____
_____
_____
_____

43

10º Encontro — A partilha dos pães

L EIA e MEDITE o texto de Jo 6,1-15.

A multiplicação dos pães é o quarto sinal apresentado pelo evangelista João. Quando estamos dispostos a partilhar os bens que Deus concebeu para todos, à semelhança do que fez Jesus ao partilhar os cinco pães e os dois peixes, há o suficiente e necessário para todos e ainda sobra. Quando todos oferecem o pouco que têm, acontece um grande milagre: todos são saciados com fartura.

É hora de PENSAR e REGISTRAR o meu encontro

Procure e leia nos Evangelhos sinóticos as passagens que fazem referência ao Evangelho refletido no encontro, depois anote as diferenças identificadas e a mensagem de cada texto.

- Citação do Evangelho de Mateus: _____
- Diferenças no relato e mensagem:

_____
_____
_____
_____
_____

- Citação do Evangelho de Marcos: _____
- Diferenças no relato e mensagem:
_____
_____
_____
_____
_____

- Citação do Evangelho de Lucas: _____
- Diferenças no relato e mensagem:
_____
_____
_____
_____
_____

>> Confeccione pequenos cartões com algumas orações e os distribua aos familiares e amigos para que possam rezar juntos antes das refeições, valorizando e reconhecendo os alimentos como dom precioso de Deus. Os cartões podem ser físicos ou digitais – neste último caso, sugere-se compartilhá-los por aplicativos de mensagens e redes sociais.

SUGESTÃO DE ORAÇÕES PARA AS REFEIÇÕES

Oração 1:
Senhor, dai pão a quem tem fome...
E fome de Justiça a quem tem pão. Amém.

Oração 2:
Obrigado, Senhor, por estes alimentos que vamos tomar agora. Eles nos sustentarão dando ao nosso corpo a saúde e a resistência para o trabalho diário. Que eles nos deem também disposição para servir aos mais fracos, aos que não têm saúde, aos que precisam de ajuda. Alimentai, Senhor, o nosso espírito para que saibamos usar bem o nosso corpo e, vivendo em comunhão constante com os irmãos e convosco, cheguemos a participar do banquete celeste, preparado por Cristo, nosso Senhor! Amém.

Oração 3:
Pai, abençoai a nós e a esta refeição para que, fortificados no corpo e na alma, possamos realizar sempre o que vos agrada. Que jamais falte o alimento em nenhuma mesa. Nós Vos pedimos por Jesus Cristo, nosso Senhor. Amém.
(Pai nosso...)

Oração 4:
Antes das refeições
Abençoai, Senhor,
os alimentos que vamos tomar;
que eles renovem as nossas forças
para melhor Vos servir e amar.

Depois das refeições:
Nós Vos damos graças, Senhor,
pelos vossos benefícios,
a Vós que viveis e reinais
pelos séculos dos séculos. Amém.

Oração 5:
Antes das refeições
Sinal da cruz + Pai-nosso + Ave-Maria. Em seguida, rezar de forma dialogada: (Pai) Este pão e esta união, (Todos) abençoai, Senhor! (Mãe) Abençoai, Senhor, a mesa deste lar, (Todos) e na mesa do Céu guardai-nos um lugar! (Filhos/as) Abençoai, Senhor, a nós e a esta comida, (Todos) e fazei-nos servir-vos fielmente, toda a vida. Amém.

Depois das refeições
Sinal da cruz + Pai-nosso + Ave-Maria. Em seguida, rezar de forma dialogada: (Pai) Por este pão, por esta união, (Todos) Obrigado, Senhor! (Mãe) Somos vossa Igreja doméstica! Senhor, conservai-a unida e feliz! (Todos) Somos vossa família reunida, como sinal do vosso amor! Guardai-nos felizes e unidos! (Filhos/as) Obrigado, Senhor, por esta refeição! (Todos) Ensinai-nos a repartir o pão com os mais pobres! Amém.

Refletindo e aprendendo com a PALAVRA DE DEUS

» Durante a semana, faça uma *Lectio Divina* de um dos Evangelhos da Liturgia Diária:

Dia	Livro	Capítulo	Versículos

- O que o texto lhe diz?

11º Encontro — Jesus caminha sobre as águas

LEIA e MEDITE o texto de Jo 6,16-21.

No quinto sinal do Evangelho de João, Jesus aparece e caminha sobre as águas, durante uma forte ventania que agitava o mar e balançava o barco onde estavam os discípulos. Não fica tão clara qual é a carência deste episódio, mas podemos dizer que é a falta de utopia, a falta de esperança. Diante de um mundo atribulado, violento e corrupto, somos convidados a nos colocar nas mãos de Deus e confiar no seu Projeto de Salvação. Com Jesus, temos esperança, todos os nossos problemas e dificuldades poderão ser superados e poderemos alcançar uma vida plena onde a Luz de Cristo será sempre a nossa guia, o nosso "norte".

Guto Godoy

É hora de PENSAR e REGISTRAR o meu encontro

» Procure e leia nos Evangelhos sinóticos as passagens que fazem referência ao Evangelho refletido neste encontro, depois anote as diferenças identificadas e a mensagem de cada texto. São dois os evangelistas que descrevem o mesmo acontecimento narrado por São João.

- Citação do Evangelho sinótico 1: _____
- Diferenças no relato e mensagem:

_____
_____
_____
_____

- Citação do Evangelho sinótico 2: _____
- Diferenças no relato e mensagem:

_____
_____
_____
_____
_____

Na sua oração da noite você pode rezar para o seu anjo da guarda, para que sempre permaneça ao seu lado conduzindo-o, sobretudo, nos momentos de tribulações, de dúvidas e incertezas.

Oração ao anjo da guarda

"Santo Anjo do Senhor, meu zeloso guardador, já que a ti me confiou a piedade divina, sempre me rege, me guarde, me governe e me ilumine. Amém."

Refletindo e aprendendo com a PALAVRA DE DEUS

Durante a semana, faça uma *Lectio Divina* de um dos Evangelhos da Liturgia Diária:

Dia	Livro	Capítulo	Versículos

- O que o texto lhe diz?

_____
_____
_____
_____
_____
_____

12º Encontro — O cego de nascença

LEIA e MEDITE o texto de Jo 9,1-11.

O penúltimo sinal narrado pelo evangelista João é a cura do cego. Com este fato o evangelista quer mostrar que cego não é somente quem não pode ver fisicamente, mas todos aqueles que não reconhecem Jesus como salvador, que não sabem amar e respeitar o próximo, que se acham superiores ou melhores que os demais. Quando enxergamos e conhecemos Jesus, somos enviados a testemunhar e a nos doar totalmente pelo seu Projeto de Amor e Salvação.

É hora de PENSAR e REGISTRAR o meu encontro

» Qual mensagem você apreendeu ao ler e meditar o sexto sinal apresentado por João em seu Evangelho?

_____
_____
_____
_____
_____
_____
_____

» Além da cegueira física, o que é ser cego hoje? Quais cegueiras precisam da cura de Jesus?

_____
_____
_____
_____
_____
_____
_____
_____
_____
_____
_____
_____
_____
_____

Refletindo e aprendendo com a PALAVRA DE DEUS

» Durante a semana, faça uma *Lectio Divina* de um dos Evangelhos da Liturgia Diária:

Dia	Livro	Capítulo	Versículos

- O que o texto lhe diz?

_____
_____
_____
_____
_____
_____
_____

13º Encontro — A ressurreição de Lázaro

LEIA e MEDITE o texto de Jo 11,17-44.

Nesta passagem temos o último dos sete sinais, e também seu ponto alto, que é a ressurreição de Lázaro. É o sinal em que encontramos a maior carência, uma carência total e absoluta: a carência da vida. Esta passagem nos revela que só Cristo pode nos dar vida em plenitude, em abundância. O mundo nos oferece muitas coisas que passam, que não nos preenchem. Só Deus pode suprir nossas carências e necessidades.

É hora de PENSAR e REGISTRAR o meu encontro

» Qual a mensagem você encontrou ao ler e meditar o último sinal apresentado pelo evangelista João?

_____
_____
_____
_____
_____
_____

» Jesus fala que Lázaro não morreu. O que é a morte para Jesus?

_____
_____
_____
_____
_____
_____

Refletindo e aprendendo com a PALAVRA DE DEUS

Durante a semana, faça uma *Lectio Divina* de um dos Evangelhos da Liturgia Diária:

Dia	Livro	Capítulo	Versículos

- O que o texto lhe diz?

_____
_____
_____
_____
_____
_____
_____

14º Encontro — A Bíblia revela a História da Salvação

LEIA e MEDITE o texto de Gn 22,1-18.

Nos capítulos 12 a 25 do livro de Gênesis encontramos a história de Abraão, um homem escolhido por Deus para formar um povo eleito, uma nova raça. Deus prometeu dar uma descendência numerosa a Abraão, que acreditou nas palavras Dele. Tomando sua mulher, Sarai, Abraão partiu.

No tempo certo, Deus, na sua infinita paciência e misericórdia, dirige-se novamente a Abraão e lhe reafirma a promessa de numerosa descendência. Ele lhe dá o primeiro filho, Isaac. Passados alguns anos, Abraão novamente escuta a voz de Deus a lhe pedir para sacrificar Isaac por amor a Ele. Deus põe Abraão à prova...

No alto do monte, onde Deus havia indicado, Abraão ergue o altar, coloca a lenha em cima e amarra o filho Isaac para o sacrifício. No momento que Abraão ergue a faca, no entanto, Deus intervém e diz através de um anjo: "Abraão! Abraão! [...] Não estendas a mão contra o menino e não lhe faça mal algum. Agora sei que temes a Deus, pois não me recusastes teu único filho" (Gn 22,12). Com esse episódio surge a concepção do RESGATE. Deus intervém na história e resgata Isaac da morte, apresentando o cordeiro a ser sacrificado em seu lugar.

Assim acontece com Cristo. Para RESGATAR a humanidade da morte do pecado, Deus entrega seu Filho em nosso lugar. Cristo se torna o Cordeiro que tira o pecado do mundo. Como resgatou Isaac da morte, Deus providencia o próprio Filho para nos salvar e nos resgatar da morte eterna.

53

A subida com Isaac até o monte foi necessária para que Deus pudesse curar o coração de Abraão, que se culpava por não ter esperado o tempo de Deus e Nele confiado. Assim como na vida de Abraão, muitas coisas acontecem também conosco e não sabemos por que nem para que, e talvez só compreenderemos tempos depois.

É hora de PENSAR e REGISTRAR o meu encontro

>> Recorde fatos que aconteceram na sua vida que você pode não ter entendido no momento, mas os entendeu posteriormente. Registre as coisas positivas que aprendeu com isso ou ocasiões que possam tê-lo fortalecido.

_____
_____
_____
_____
_____
_____
_____

Refletindo e aprendendo com a PALAVRA DE DEUS

>> Durante a semana, faça uma *Lectio Divina* de um dos Evangelhos da Liturgia Diária:

Dia	Livro	Capítulo	Versículos

- O que o texto lhe diz?

_____
_____
_____
_____
_____
_____
_____
_____

15º Encontro — Jacó e as doze tribos de Israel

LEIA e MEDITE o texto de Gn 32,25-30.

O texto bíblico retrata o fato de Jacó estar retornando para a terra de seu pai, Isaac, onde deseja encontrar seu irmão Esaú para se reconciliar após inúmeros episódios de rivalidade. Nessa caminhada de volta, sozinho na madrugada, Jacó trava uma luta corpo a corpo com um homem misterioso, que revela ser Deus e o deixa vencer diante da sua perseverança.

No entanto, Deus o feriu na coxa para que parasse de depender de trapaças e passasse a buscar mais a ajuda e as bênçãos Dele. Ainda, Deus mudou seu nome de Jacó para Israel, que significa "aquele que luta com Deus".

Os descendentes de Jacó, após esse episódio, passaram a ser chamados e identificados como Israel, isto é, aqueles que lutam com Deus.

Isaac, filho de Abraão, casou-se com Rebeca e teve dois filhos gêmeos: Esaú e Jacó. Esaú era um bom caçador e filho preferido de Isaac. Já Rebeca gostava mais de Jacó. Esaú era o mais velho e deveria, conforme o costume, receber a bênção paterna. Quando chegou o tempo de Isaac transmitir a bênção para Esaú, o filho mais velho, eis que Jacó, ajudado por sua mãe, engana-o para que, debilitado pela velhice e já sem enxergar, Isaac abençoa-o em vez do irmão. Assim, Jacó recebe a bênção no lugar do seu irmão, que fica muito bravo quando descobre sua trapaça e o jura de morte.

Rebeca, temendo a briga dos filhos, aconselha Jacó a sair de casa e voltar quando o irmão mais velho tivesse se acalmado. Anos depois, Jacó retorna e, selando a aliança com Deus, torna-se pai de doze filhos, que darão origem ao povo de Israel.

É hora de PENSAR e REGISTRAR o meu encontro

O número dos filhos de Jacó se tornará simbólico e representará todo o povo escolhido. O próprio Jesus escolheu doze discípulos... Diante disso, faça uma breve pesquisa e registre o que simboliza o número doze para nossa fé.

_____
_____
_____
_____
_____

Para CONHECER e APRENDER

José e o ciúme dos irmãos

➤ Leitura do texto bíblico: Gn 37,1-38.

José era o filho mais novo de Jacó e o mais amado do pai, pois nascera na velhice. José tinha um dom especial, podia interpretar sonhos, o que deixava seus irmãos com ciúmes, a ponto de já não suportarem mais conviver com ele. Por isso os irmãos o venderam como escravo por vinte moedas e disseram ao pai que fora morto por um animal feroz.

Vendido como escravo no Egito, José era um homem justo e Deus estava com ele. Se continuarmos a ler a sua história, descobriremos que, por ser caluniado pela esposa de seu patrão, José foi jogado na prisão (cf. Gn 39,1-23). Anos depois, o Faraó, que era perturbado por sonhos, descobre que José poderia interpretar os seus significados. Na qualidade de escravo, José os interpreta com clareza e faz com que o Egito se previna para os tempos de seca e fome que abateria a região. A partir daí, José torna-se um grande governador e homem de confiança do Faraó (cf. Gn 41,1-57).

Guto Godoy

Passados alguns anos, com a fome que se abateu em toda a região, prevista pelo sonho e interpretação de José, eis que dez de seus irmãos descem ao Egito em busca de comida. Jacó e todos os seus filhos foram assolados pela seca e pela falta de comida. Quando os irmãos chegam ao Egito para comprar comida, são obrigados a negociar com José... Os dez irmãos prostram-se aos pés dele, mas não o reconhecem. José, ao contrário, reconheceu-os, porém se comportou como um estranho (cf. Gn 42-45).

Começa aí uma bela história de reconciliação. José, como num jogo, faz seus irmãos se recordarem de seu pecado, de terem forjado a sua morte e de tê-lo vendido ao Egito. Faz com que se responsabilizem por Benjamim, o filho mais novo, ao qual Jacó se apegou após seu sumiço. Depois de idas e vindas, como nos narram os capítulos 42 ao 44 do livro de Gênesis, José se dá a conhecer aos irmãos, que ficam estarrecidos com a revelação. José perdoa-os, e seus irmãos trazem o pai, Jacó, até o Egito para reencontrar o filho querido.

Como a seca e a fome ainda durariam anos, Jacó e todos os seus se instalam no Egito, a convite do Faraó e de José. Não sabemos muitas vezes o porquê das coisas, porém Deus sabe o que é melhor para cada um de nós. Do ciúme e da maldade do coração dos irmãos, Deus fez com que a misericórdia e o perdão prevalecessem e, com isso, Jacó e seus descendentes foram salvos da seca e da fome (cf. Gn 46,1-34).

Refletindo e aprendendo com a PALAVRA DE DEUS

Durante a semana, faça uma *Lectio Divina* de um dos Evangelhos da Liturgia Diária:

Dia	Livro	Capítulo	Versículos

- O que o texto lhe diz?

___
___
___
___
___
___
___
___

16° Encontro — A escravidão no Egito

LEIA e MEDITE o texto de Ex 3,1-12a.

Moisés, ao nascer, é escondido por sua mãe para não ser jogado no rio e morrer, como ordenado pelo Faraó. Quando sua mãe não podia mais escondê-lo, elabora um plano: coloca-o numa cesta às margens do rio para ser encontrado pela filha do Faraó. O plano dá certo, e a mulher adota o menino como filho e lhe dá o nome de Moisés. Ele cresce no palácio junto aos egípcios... Moisés teve a vida poupada porque, desde o seu nascimento, Deus já tinha um projeto para ele: conduzir seu povo em busca da libertação.

> **Nos tempos bíblicos...**
> O Egito era um país cortado por um grande rio, o Nilo. Esse rio tinha inundações regulares que o levavam a depositar uma lama fértil todos os anos, proporcionando uma abundante e garantida colheita. O povo faminto que se refugiava no Egito encontrava terras bem cultivadas, canais de irrigação ricos em peixes. Além disso, encontrava grandes edifícios e um povo extremamente organizado sob o domínio do Faraó, um rei que é também considerado filho do deus Sol.

Guto Godoy

58

Embora tenha crescido e sido educado na corte egípcia, Moisés não esquece sua origem e sente-se solidário ao ver os hebreus oprimidos, a ponto de defender um deles que era agredido por um soldado egípcio. Isso faz com que o Faraó o veja como um traidor, forçando-o a fugir para se esconder e não ser morto. Deus preparava, assim, um líder para libertar seu povo.

Na fuga, Moisés vai para a terra de Madiã, uma tribo nômade. Ali se depara com as filhas do sacerdote de Madiã sendo hostilizadas por um grupo de pastores. Moisés as defende, e o pai delas o convida para morar com eles. Moisés, então, casa-se com uma delas e ajuda o sogro a cuidar do rebanho de ovelhas.

Enquanto pastoreava o rebanho do sogro, Moisés vê no Monte Horeb uma sarça envolvida por uma chama de fogo que não a consumia. Ao se aproximar para ver melhor o que era, Moisés escuta uma voz e redescobre o Deus de seus pais. Ele é convidado a tirar as sandálias em respeito à presença de Deus. Esse gesto é um sinal de humildade e reconhecimento da grandeza do Senhor. Nesse encontro, Deus revela a Moisés seu plano de libertação e o envia ao Faraó para falar ao povo em nome Dele.

É hora de PENSAR e REGISTRAR o meu encontro

» Quais as situações, hoje, que podem nos escravizar?
_____
_____
_____
_____
_____

» Diante das situações que oprimem as pessoas, qual é a sua postura como cristão?
_____
_____
_____
_____
_____

❯❯ O que podemos fazer para construir uma sociedade mais fraterna?

_____
_____
_____
_____
_____
_____
_____

❯❯ Os capítulos 7 a 11 do livro de Êxodo narram as dez pragas que recaíram sobre os egípcios por causa da dureza do coração do Faraó, que não libertou os hebreus da escravidão. Registre cada uma das pragas com os capítulos e versículos correspondentes.

> 1. _____
> 2. _____
> 3. _____
> 4. _____
> 5. _____
> 6. _____
> 7. _____
> 8. _____
> 9. _____
> 10. _____

❯❯ Moisés fez uma belíssima experiência ao tirar as sandálias e encontrar-se com Deus. Hoje você também é convidado a fazer esta experiência:

1. Dirija-se até uma igreja ou capela.

2. Pare à porta e respire fundo. Se quiser e puder, lentamente tire os calçados e adentre o espaço.

3. Diante do altar, faça uma reverência prostrando a cabeça.

4. Observe todo o espaço. Se já participou de alguma celebração ali, traga os momentos à memória, recordando-os.

5. Depois, sente-se num banco, ajoelhe-se ou até mesmo deite-se no chão... Fique na posição em que mais se sentir confortável.

6. Respire fundo, sinta o seu corpo, o ar passando por suas narinas e enchendo-o com o sopro da vida.

7. No silêncio, escute o Senhor.

8. Depois de algum tempo, levante-se e novamente faça uma reverência diante do altar.

9. Faça o sinal da cruz.

10. Se retirou o calçado, coloque-o e prepare-se para sair.

Refletindo e aprendendo com a PALAVRA DE DEUS

Durante a semana, faça uma *Lectio Divina* de um dos Evangelhos da Liturgia Diária:

Dia	Livro	Capítulo	Versículos

- O que o texto lhe diz?

17º Encontro — A libertação do Egito e a instituição da Páscoa

Leia e MEDITE os capítulos 12 a 15 do livro de Êxodo.

A passagem do povo pelo mar torna-o livre, e chegar ao outro lado torna-se o evento fundador da Páscoa do Antigo Testamento, evento único da libertação do povo hebreu. Todos os últimos acontecimentos formam a Páscoa dos judeus. A salvação dada naquela noite não se esgota ali, mas alcançará todas as gerações subsequentes. Para os judeus, não são os seus pais (antepassados) que atravessaram o mar e foram libertos, são eles que, hoje, ao realizarem esses ritos, ao celebrarem a Páscoa, são libertos e salvos pelo Senhor.

Guto Godoy

É hora de PENSAR e REGISTRAR o meu encontro

» O povo se preparou para a ceia antes de sair do Egito. E, hoje, como você se prepara para participar da ceia pascal?

_____
_____
_____
_____
_____
_____
_____

Sob a perseguição do Faraó, Moisés e o povo encontravam-se numa situação de desesperança. Diante dela, o mar se abre.

Quais situações de desesperança na sua vida precisam de sua confiança em Deus para que você possa conquistar a libertação do que o aflige?

_____
_____
_____
_____

Para CONHECER e APRENDER

A Páscoa judaica anualmente celebrada

Após a saída do Egito, quando atravessou o Mar Vermelho e alcançou a libertação da escravidão, o povo celebrou e celebra até hoje o ritual da Páscoa fazendo memória daquele momento. O texto do livro de Números 9,1-5 recorda o mandato de Deus, dado a Moisés e a todo o povo, de celebrar a Páscoa, a passagem, segundo os ritos e as normas.

Até hoje, portanto, o mandamento dado por Deus é cumprido fielmente pelo povo judeu através da PESSACH, a festa da Páscoa que recorda a libertação da escravidão do povo hebreu por volta dos anos 1429 a 1313 a.C. Esse momento tão importante e significativo na vida e na história de um povo não pode ser esquecido. É necessário fazer memória, não no sentido apenas de lembrar, mas de atualizar. A celebração anual da Páscoa judaica é, então, a prefiguração litúrgica da saída do Egito, da passagem a pé enxuto pelo mar, para a libertação.

É festejada por sete dias, nos quais os judeus comem só pão ázimo (pão sem fermento chamado matzá) e realizam algumas refeições (jantares) com uma cerimônia especial chamada Sedarim (plural de Seder), cuja tradução é "ordem". O jantar da noite da Páscoa (Pessach) possui uma sequência determinada por diversos símbolos, descrita a seguir.

Esse evento vivido e atualizado a cada ano é um conjunto bastante complexo de ações, palavras e gestos. É, também, um importante momento para transmitir às novas gerações a fé professada. A estrutura ritual, como de costume, tem intuito didático na tradição religiosa judaica, preocupando-se com a clareza e o entendimento na íntegra de cada rito.

O RITUAL DO ANÚNCIO DA PÁSCOA

Primeira parte: RITO DE INTRODUÇÃO

1. CONSAGRA (*Qaddéš*): pronuncia-se a bênção do *Quiddúš* (consagração) sobre o vinho.
2. E LAVA (*Urehás*): lavam-se as mãos sem pronunciar a respectiva bênção.
3. AIPO (*Karpás*): imerge-se o aipo no vinagre ou na água salgada.
4. REPARTE (*Yahás*): parte-se o ázimo intermédio em dois e se esconde uma parte para *epíqomon*.

Segunda parte: ANÚNCIO PASCAL E CEIA

5. ANUNCIA (*Maggíd*): diz-se o anúncio.

    5.1 Introdução em aramaico ("este é o pão de miséria...").

    5.2 A pergunta do filho ("por que esta noite é diferente...?").

    5.3 A primeira introdução ao *midráš* ("fomos escravos...").

    5.4 Exemplificações instrutivas sobre o tempo da *Haggadá* ("por toda a noite...).

    5.5 Exemplificações instrutivas sobre os destinatários da *Haggadá* ("os quatro filhos: o sábio, o mau, o íntegro e aquele que não sabe perguntar...").

    5.6 A segunda introdução ao *midráš* ("desde o início...").

    5.7 O *midráš* ("o arameu queria destruir meu pai...").

    5.8 Acréscimos ao *midráš* (três interpretações rabínicas sobre o número das pragas e a ladainha "ter-nos-ia bastado...").

    5.9 O ensinamento do *Rabbán Gamli'él*.

       5.9.1 Ensinamento negativo ("quem não diz...").

       5.9.2 Ensinamento positivo ("em cada geração...").

    5.10 A primeira secção do Hallél (Sl 113-114).

    5.11 A bênção da redenção.

6. LAVA (*Rahás*): lavam-se as mãos e pronuncia-se a bênção ao fazê-lo.
7. QUE FAZES SAIR / O ÁZIMO (*Mosi' Massá*): pronuncia-se a bênção "Que fazes sair..." e a bênção "Comer o ázimo...".

8. AMARGA (*Marór*): toma-se um pouco de erva amarga e se imerge no *haróset*.

9. ENVOLVE (*Korék*): envolve-se em um pedaço de alface o ázimo e o *haróset*.

10. PREPARA A MESA (*Šulhán'orék*): prepara-se a mesa para comer.

11. ESCONDIDO (*Šafún*): come-se o ázimo guardado para '*epíqomon*.

Terceira parte: BÊNÇÃO DEPOIS DA CEIA

12. BENDIZ (*Barék*): pronuncia-se a bênção *Birkát hammazón*.

    12.1 A *Birkát hazzimmún* ou diálogo invitatório.

    12.2 A *Birkát hazzimmún* ou bênção depois da refeição.

    12.3 A bênção "O bom e o benéfico..." e a ladainha "Ele é compassivo...".

    12.4 A bênção "Criador do fruto da videira...".

Quarta parte: RITO DE CONCLUSÃO

13. LOUVA (*Hallél*): conclui-se o *Hallél*.

    13.1 Os versículos da ira.

    13.2 A segunda secção do *Hallél* (Sl 115-118.136).

    13.3 A *Birkát haššír* ou bênção do cântico.

    13.4 A tríplice bênção.

14. É AGRADÁVEL (*Nirsáh*): "Porque Deus já recebeu com agrado tuas obras...".

GIRAUDO, Cesare. *Num só Corpo*: tratado mistagógico sobre a Eucaristia. São Paulo: Loyola, 2003. p. 101-102.

Alguns dos símbolos presentes numa mesa de Seder

- **Água salgada:** Lembra as lágrimas que os escravos hebreus verteram ao não terem liberdade de decisão e de credo. Hoje, muitos dos seres humanos ainda choram pelos diversos tipos de escravidão aos quais são submetidos e por não conseguirem alcançar a tão sonhada liberdade.

- *Chorosset*: Massa geralmente preparada com maçãs e nozes ou tâmaras. Sua cor lembra a argila com a qual os escravos hebreus fabricavam tijolos para os egípcios construírem seus monumentos.

- **Ervas amargas:** Lembram as amarguras de um povo escravo. Em nossos dias, devem lembrar que há povos que ainda vivem sob diversos tipos de amargura.

- *Matzá* (pão ázimo; pão sem fermento): formado de farinha em forma de bolacha, não contendo fermento e assado rapidamente, lembra o povo hebreu que não teve tempo para assar seu pão no momento da saída do Egito. É o alimento da mesa judaica durante os dias de Pessach, substituindo o pão fermentado.

- **Ossos de um carneiro queimado (*Zroa* em hebraico):** lembram o sacrifício de um carneiro feito na véspera da última das dez pragas no Egito. Do carneiro foi utilizado o sangue, com o qual foi feito um sinal nas portas das cabanas dos escravos hebreus, de forma que o Anjo da Morte não levasse seus filhos primogênitos, mas só o fizesse com os egípcios que não os deixavam partir.

- **Ovo cozido (*Beitza* em hebraico):** Recorda ao povo judeu que quanto mais se é oprimido ou afligido, como ocorreu no Egito, mais fortalecido e numeroso se torna. Assim é o ovo, quanto mais se coze, mais duro se torna. Ainda, sendo o ovo um objeto redondo, lembra que a vida humana é formada de altos e baixos.

O Seder Pascal (Páscoa Judaica)
Disposição da mesa e dos alimentos e seu simbolismo

Prepara-se a mesa da seguinte forma no *Seder*:

Uma bandeja no centro chamada de *Keara*, onde se colocam três *matzot* (pães ázimos) representando os três grupos judeus: Cohanim, Leviim e Israel.

Ao lado dessas *matzot*, colocam-se alguns símbolos:

Na parte superior, à direita da bandeja, coloca-se *Zeroá* (pedaço de osso do cordeiro ou ovelha), simbolizando o poder com que Deus nos tirou do Egito e o cordeiro pascal, sacrificado no Templo.

Na parte superior, à esquerda da bandeja, coloca-se o *Betsá* (ovo cozido), que simboliza o sacrifício oferecido em cada festividade. Um dos inúmeros significados relacionados ao ovo colocado na travessa do Seder é o de que, quanto mais o povo é oprimido ou afligido, como ocorreu no Egito, mais fortalecido e numeroso se torna.

No centro da bandeja é colocado o *Marór* (erva amarga), simbolizando o sofrimento dos judeus escravos no Egito. Usa-se a escarola por ser uma verdura amarga.

Na parte inferior, à direita da bandeja, coloca-se o *Charósset* (mistura de nozes, amêndoas, tâmaras, canela e vinho) que representa a argamassa com a qual os judeus trabalhavam na construção das edificações do Faraó.

Embaixo, à esquerda, é colocado a *Karpás* (salsão e verdura molhados em vinagre ou água salgada) que serve para dar o "sabor" do Êxodo, recordando o hissopo (*Ezov*) com o qual os israelitas aspergiram o sangue do cordeiro nos batentes de suas casas, antes da praga dos primogênitos.

Ainda, coloca-se na mesa um recipiente com água salgada, no qual se mergulham as verduras, lembrando o mar.

Além de tudo isso, coloca-se uma taça para cada um dos presentes.

O local da celebração, a preparação, o ritual em suas catorze divisões e palavras, os alimentos simbólicos... formam um todo que revela a história, o passado, o presente e o futuro de um povo, onde se transmite toda uma tradição, onde cada geração deverá sentir como se ela própria tivesse sido libertada do Egito. Assim, se mantém viva a memória do povo liberto da escravidão.

Jesus, sendo de origem judaica, também celebrava a Páscoa anualmente junto com o povo. Realizava todos esses ritos fazendo memória da libertação do Egito. E foi celebrando as ações rituais da Páscoa judaica que, em sua última ceia, Jesus deu um novo sentido àquele RITO, agora não significando mais a libertação do Egito, mas uma prefiguração do que aconteceria: sua morte e ressurreição, a sua passagem da morte para a vida. A Páscoa celebrada pelos cristãos, a partir de então, é para fazer memória desse acontecimento.

Refletindo e aprendendo com a PALAVRA DE DEUS

» Durante a semana, faça uma *Lectio Divina* de um dos Evangelhos da Liturgia Diária:

Dia	Livro	Capítulo	Versículos

- O que o texto lhe diz?

18º Encontro — A Aliança e as Tábuas da Lei

LEIA e MEDITE o texto de Dt 5,1-22.

Depois, leia e observe o que dizem os capítulos 19 e 20 de Êxodo.

O Senhor, na sua infinita paciência, chama Moisés até o alto da montanha e lhe entrega as Tábuas com as Leis, os Dez Mandamentos, chamados também de Decálogo – que significa literalmente "dez palavras". Os mandamentos são dados ao povo não como castigo, mas para que, ao cumpri-los, o povo tivesse vida plena e dignidade. As leis dadas por Deus servem para orientar a convivência entre o povo, valorizando a solidariedade e o amor ao próximo que estavam facilmente se perdendo sob a pressão da situação.

Guto Godoy

É hora de PENSAR e REGISTRAR o meu encontro

» No quadro, complete cada linha da primeira coluna com o texto de Êxodo que é equivalente ao mandamento descrito na segunda coluna extraído de Deuteronômio. E em cada linha da terceira coluna escreva a fórmula catequética referente ao mandamento.

	Êxodo 20,2-17	Deuteronômio 5,6-21	Fórmula catequética
	Eu sou o Senhor teu Deus, que te libertou do Egito, lugar de escravidão.	Eu sou o Senhor teu Deus, que te libertou do Egito, lugar de escravidão.	
1º		Não terás outros deuses além de mim...	

69

2º		Não pronunciarás o nome do Senhor teu Deus em vão...	
3º		Guarda o dia do sábado, santificando-o...	
4º		Honra teu pai e tua mãe...	
5º		Não matarás.	
6º		Não cometerás adultério.	
7º		Não furtarás.	
8º		Não darás falso testemunho contra o próximo.	
9º		Não desejarás a mulher do próximo.	
10º		Não cobiçarás a casa do próximo.	

>> Procure em sua Bíblia, no Evangelho de João 15,9-17, a passagem em que Jesus diz qual é o maior dos mandamentos e registre os versículos correspondentes. Depois explique por que esses são os principais e maiores mandamentos.

_____
_____
_____
_____
_____

Para CONHECER e APRENDER

A Terra Prometida e a constituição das doze tribos

Após a libertação da escravidão do Egito, o povo caminhou no deserto sob a liderança de Moisés por 40 anos, e nesse tempo muitas coisas aconteceram. Além das Tábuas da Lei com os Dez Mandamentos, Deus deu muitas outras orientações e guiou o povo. Pediu que se construísse a "Arca da Aliança" (cf. Ex 25,10-22), onde foram guardadas as Tábuas da Lei, e a "tenda da reunião" (cf. Ex 26,1-30.33,7-11), local no qual a Arca ficava e de onde Deus falava ao seu povo.

Enfim, após 40 anos no deserto, Moisés cumpre a sua missão de libertar o povo e guiá-lo até a Terra Prometida. Moisés, porém. não chega a entrar nela, apenas a observa a distância (cf. Dt 34,1-12). Ele confia a Josué a entrada do povo naquela tão aguardada terra e descansa no Senhor.

Josué, que foi um fiel ajudante de Moisés, cumprindo as ordens e os mandamentos do Senhor, faz o povo chegar ao território por Deus prometido. As terras onde o povo se estabeleceu receberam, em épocas diferentes, três nomes: Canaã, Israel e Palestina.

Canaã era o nome dado à região quando o povo hebreu nela chegou. Depois o povo que saiu do Egito, e ao longo do tempo uniu-se a diversos outros grupos e famílias, invade Canaã e ali se organiza em tribos. Essa união de diversos grupos que se estabeleceram de maneira estável em Canaã fez com que a região recebesse o nome de Israel.

Israel é organizada por doze tribos, compostas por famílias agrupadas em associações protetoras a fim de ajudarem economicamente umas às outras e defenderem-se de ataques inimigos. Juntas, também praticavam a religião ao único Deus verdadeiro: o Deus que os libertou da escravidão.

A Terra Prometida, chamada agora de Israel, era constituída pelas "doze tribos de Israel", que procuravam aplicar à vida comunitária a participação, partilha, fraternidade, justiça e liberdade. Ninguém exploraria ninguém, e juntas viveriam em dignidade e solidariedade (cf. mapa da formação das doze tribos no Antigo Testamento). A tribo

71

de Levi, os levitas, não tinha um território fixo, mas era responsável por percorrer todas as tribos promovendo a fé e o ensinamento do Senhor.

Podemos nos perguntar o que torna uma terra lugar de justiça e fraternidade, uma terra da qual verdadeiramente possa "correr leite e mel"? Toda terra é igual, o que a torna especial é a atitude do povo que nela habita. Aquele povo havia sofrido, estava ferido com a exploração. Isso fez nascer um ideal de vida. Caminhou, ainda, por 40 anos no deserto... Esse tempo foi necessário para que Deus o curasse e educasse a viver em harmonia. Deus, ao mostrar o seu amor, fez com que o povo também amasse.

As doze tribos tornaram-se símbolo do povo escolhido e formado por Abraão. Ainda que não tivesse o mesmo sangue, todos se sentiam uma só família, unida pelos mesmos ideais e por sua fé no único Deus libertador.

São conhecidas também como as doze tribos de Jacó, recordando os doze filhos que Jacó teve e que, depois de divisão e ciúme, se reconciliaram formando uma só família. Por fim, depois de inúmeros anos, Israel é dominada por outros povos e recebe o nome de Palestina.

➤ **Sugestão de Leitura:**

BALANCIN, Euclides Martins. *História do povo de Deus*. São Paulo: Paulus, 1990.

Refletindo e aprendendo com a PALAVRA DE DEUS

》 Durante a semana, faça uma *Lectio Divina* de um dos Evangelhos da Liturgia Diária:

Dia	Livro	Capítulo	Versículos

- O que o texto lhe diz?

_____
_____
_____
_____
_____
_____

19º Encontro — Juízes, reis e profetas

LEIA e MEDITE 1Sm 7,15–8,1-5.

Depois leia os capítulos 8 a 10 de 1 Samuel para compreender como Saul foi ungido o primeiro rei de Israel.

A história do povo hebreu é marcada por inúmeros acontecimentos, liderada e guiada por juízes e reis, fiéis e infiéis aos mandamentos do Senhor. Deus, na sua infinita bondade, nunca abandonou seu povo. Esteve sempre presente usando a voz dos profetas para fazê-lo voltar ao bom caminho e seguir seus ensinamentos, para que tivessem vida plena e digna.

Guto Godoy

> Samuel era ainda menino quando ajudava Eli (sumo sacerdote e juiz em Israel), já quase cego, na adoração a Deus. Certa noite, enquanto eles dormiam, o Senhor Deus chamou Samuel durante a madrugada, dizendo: "Samuel! Samuel". E Samuel respondeu: "Estou aqui!". Ele, então, correu para junto de Eli. Samuel acreditava que era a voz de Eli que o chamava, e este lhe disse: "Eu não chamei você, filho. Volte para a cama". Porém, novamente o Senhor chama Samuel, e este se levanta e vai até Eli, que o manda voltar a dormir. Pela terceira vez a história se repete, e Eli compreende que era o Senhor quem chamava Samuel. Ele orienta o filho a voltar a dormir e, quando escutasse novamente a voz, responder: "Fala, ó Senhor, porque o teu servo está ouvindo". Assim, Samuel fala com o Senhor, que o constitui um grande líder religioso e político da sua época (cf. 1Sm 3,1-10).

73

É hora de PENSAR e REGISTRAR o meu encontro

❯❯ Leia os capítulos 13 a 16 de Juízes e conheça um dos mais famosos juízes de Israel. Depois escreva o nome dele: _____

O papel e a importância dos profetas...

❯❯ Os profetas eram responsáveis por não deixar o povo se desviar do caminho e dos mandamentos do Senhor. O que você faz para não deixar as pessoas se desviarem do que é certo?

_____
_____
_____
_____

❯❯ Quando as pessoas se afastavam do caminho do Senhor, os profetas mostravam os erros delas. Você se sente apto para ajudar alguém a reconhecer seus erros e corrigi-los?

_____
_____
_____
_____

❯❯ Os profetas têm liderança e credibilidade, usando-as para o bem do povo. Como você usa sua liderança e credibilidade?

_____
_____
_____
_____

❯❯ Os profetas influenciam as pessoas para que vivam a justiça, a compaixão, a solidariedade, a verdade. Como você influencia a vida dos amigos, irmãos, primos...?

_____
_____
_____
_____

Para CONHECER e APRENDER

O exílio: a esperança do retorno

No início da formação do povo de Israel, o Egito dominava toda a região e formava o grande império da época. Com a decadência progressiva do Egito, nenhuma outra grande potência surgiu ao longo de muitos anos. Assim, o povo de Israel viveu em paz por décadas, apenas administrando os conflitos internos entre as tribos e posteriormente a divisão do reino durante a soberania de Salomão, entre o Reino do Norte (Israel) e Reino do Sul (Judá).

Guto Godoy

Porém, a tranquilidade do povo de Israel terminou quando começaram a surgir novas potências, grandes impérios que dominavam os mais fracos e os forçavam a pagar tributos. Muitos dos líderes dos países que foram dominados viram-se forçados a ir para o exílio. Exílio ocorre quando você é obrigado a ir, ou é levado à força, para um lugar fora do seu país e da sua cultura.

O texto bíblico, por exemplo, narra a invasão e dominação do Império Assírio sobre o Reino de Israel (Reino do Norte), forçando muitos dos seus líderes, políticos e sacerdotes a irem para o exílio. Assim, o Reino de Israel deixa de existir, e a região se torna uma colônia assíria. Ao longo de décadas o povo de Israel foi dominado por outras nações: assírios, babilônicos, persas, romanos...

O povo vê essas invasões e dominações como castigo de Deus por sua infidelidade. Veem como o modo de Deus sanar pela raiz os desmandos e as injustiças cometidos. A invasão inimiga, portanto, era compreendida como a forma de Deus realizar seu último apelo de conversão, para que seu povo tomasse consciência de seus desvios e se convertesse.

No exílio, o povo relê a sua história, medita e reflete sobre todos os acontecimentos, propõe-se a mudar e, confiante mais uma vez, dirige-se ao Deus libertador. Quando o povo está desanimando ou perdendo a esperança, surgem os profetas que elevam o moral e profetizam a libertação de Israel. No Antigo Testamento encontramos inúmeras profecias sobre Deus a enviar o Messias para libertar o seu povo.

Anos mais tarde, por volta de 538 a.C., o povo no exílio, agora dominado pelos persas, recebe a permissão de voltar à sua antiga pátria para reconstruir a comunidade segundo seus princípios e costumes, sobretudo para prestar culto ao Deus de seus pais. O povo que retorna a Israel não é mais a geração que saiu... Praticamente se compõe inteira de outra geração.

Porém, no exílio, o povo de Israel não se cansou de ouvir seus pais lhe falarem do Deus libertador, tampouco de ouvir as promessas feitas pelos profetas de que Deus interviria na história e lhes daria o libertador, o Messias.

Refletindo e aprendendo com a PALAVRA DE DEUS

» Durante a semana, faça uma *Lectio Divina* de um dos Evangelhos da Liturgia Diária:

Dia	Livro	Capítulo	Versículos

- O que o texto lhe diz?

20º Encontro — O Messias esperado: Deus se faz homem

LEIA e MEDITE os textos de Mc 1,2-8 e Jo 1,1-18.

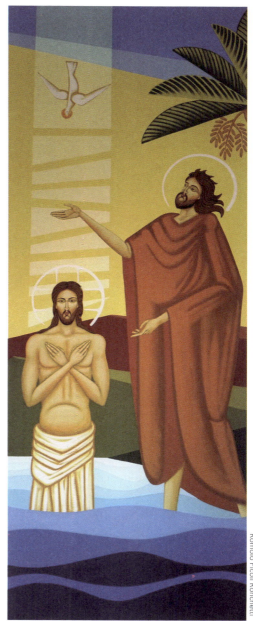

O povo judeu, confiante, esperava o Messias, de modo especial nos tempos de sofrimento. Essas profecias eram recordadas para fazer com que o povo não desanimasse nem perdesse a esperança. Os cristãos reconhecem Jesus como o ungido do Pai, como o Messias esperado. João foi aquele que anunciou, preparou os caminhos, conheceu e batizou o autor do Batismo, Jesus Cristo.

O "prólogo" com o qual João inicia seu Evangelho nos recorda dos primeiros versículos de Gênesis, que narram o começo da criação do mundo. Quer mostrar que Jesus é o Filho amado do Pai, que já existia antes da criação do mundo. A humanidade foi criada à sua imagem e semelhança, pois o Filho é a imagem do Pai, e o Pai se vê totalmente no Filho. Jesus, a Palavra do Pai, se encarna, se faz homem e habita em nosso meio. Jesus faz morada junto à humanidade. Cristo é agora a presença de Deus no mundo para os que Nele creem. A Deus Pai ninguém viu, mas conhecemos vendo o Filho.

É hora de PENSAR e REGISTRAR o meu encontro

» João Batista foi o último profeta do Antigo Testamento e preparou o caminho para Jesus. Como, hoje, podemos ser como João a preparar os caminhos para a segunda vinda de Cristo?

_____
_____
_____
_____
_____

» Como podemos conhecer a Deus Pai se nunca o vimos?

_____
_____
_____

Para CONHECER e APRENDER

São José, o homem justo

Para que o projeto se cumprisse, Deus quis precisar da humanidade, e escolheu uma mulher, Maria, que com seu "sim" aceitou ser Mãe do Salvador, como refletimos no nosso 4º Encontro. Papel de destaque merece também o glorioso São José, tão pouco citado na Sagrada Escritura – apenas nos Evangelhos de Lucas e Mateus encontramos referências diretas a ele –, porém de grande importância para nós cristãos.

José, esposo de Maria e pai adotivo de Jesus, era judeu, nascido em Belém de Judá, a cidade do rei Davi. Era carpinteiro, e seu nome significa "aquele que reúne". José era um homem de caráter e digno de seu apelido, "o justo", dada a sua fidelidade às leis e aos ensinamentos do Senhor.

O Evangelho de Mateus 1,18-25 assim o identifica: "José, seu marido, sendo um homem justo" (Mt 1,19a). Tão somente com essa descrição, a Bíblia nos apresenta o pai de Jesus. Sendo assim, se queremos conhecer quem foi José, precisamos compreender o significado da palavra "justo".

No vocabulário hebraico, "justo" é usado para designar aquele que é temente a Deus e ao sagrado, que ouve e pratica a Palavra, que guarda os mandamentos e se mantém fiel à lei. José, porém, ao observar fielmente as leis criadas pela religião da época, ia além do que a cultura predizia. Isso pode ser observado em sua atitude quando descobre que Maria estava grávida. Sabendo que a criança não era sua, e desconhecendo ter sido concebida por ação do Espírito Santo, José planejou separar-se de Maria de acordo com a lei, mas pretendia fazê-lo silenciosamente, pois temia pela segurança e pelo sofrimento dela e do bebê. Isso porque, àquela época, as mulheres acusadas de adultério poderiam ser apedrejadas até a morte. José era justo a ponto de colocar a vida de Maria acima da lei (Mt 1,19-25). Nessa atitude contempla-se a justiça de José, sua fé e obediência a Deus.

O anjo, então, aparece a José em um sonho e conta-lhe a verdade sobre a criança que Maria estava carregando. José imediatamente, sem questionar, assumiu Maria como esposa e se mostrou responsável, companheiro e pai. Fugiu para o Egito, por causa da perseguição, para proteger Maria e Jesus que acabava de nascer (Lc 2,13-23). Escutou Deus através da voz do anjo que, em sonho, dava-lhe as orientações necessárias para garantir a segurança de sua esposa e de seu filho adotivo. Foi perseverante, não desistindo em nenhum momento. Por isso, é digno de ser chamado "o justo".

A Igreja reconhece a paternidade de José e Maria como modelo para todas as famílias, pois ambos foram fiéis à missão dada por Deus. Cuidaram e educaram Jesus para a vida, ensinaram-no a observar e praticar a vontade e os mandamentos de Deus. São José, portanto, é um pai bondoso e exemplar simplesmente porque acreditou e esperou na providência de Deus em todos os momentos de sua vida.

São José é conhecido também como uma pessoa do silêncio, da justiça e da caridade, patrono da família, dos esposos, dos homens, dos trabalhadores e dos moribundos, além de ser o patrono da Igreja Universal. Na liturgia, celebramos sua memória em duas datas, 19 de março e 1º de maio, sob o título de "São José Operário".

Para colaborar em seu Plano de Amor, Deus chama pessoas simples e humildes, como o justo José. A exemplo dele, devemos também ouvir a Palavra do Senhor e seus divinos ensinamentos, colocando o amor e a misericórdia acima de qualquer situação. Que possamos rezar a São José, pedindo que olhe por cada um de nós, intercedendo para que um dia possamos estar na glória junto à Sagrada Família.

> Sugestão de Leitura:

Ler os números 17 a 21 da Exortação Apostólica *Redemptoris Custos*, do Sumo Pontífice João Paulo II, sobre a figura e a missão de São José na vida de Cristo e da Igreja.

Refletindo e aprendendo com a PALAVRA DE DEUS

Durante a semana, faça uma *Lectio Divina* de um dos Evangelhos da Liturgia Diária:

Dia	Livro	Capítulo	Versículos

- O que o texto lhe diz?

___
___
___
___
___
___
___
___

21º Encontro — A vida pública e o anúncio do Reino

Leia e MEDITE o texto de Mt 20,20-28.

Jesus, em toda a sua vida, anunciou uma nova proposta para a maneira de viver e pensar o mundo, pregando o desapego às coisas terrenas, aos bens materiais. Jesus é aquele que confia no Pai e é fiel plenamente ao seu projeto, dando a vida por cada um de nós. Os apóstolos compreenderam isso, após a sua ressurreição e subida aos céus.

Todos nós somos escolhidos por Jesus e nossa resposta representa nossa disponibilidade em servi-lo. Somos chamados a anunciar o Reino dos Céus, com a certeza de que tudo irá passar; a anunciar o Reino que já começa a ser vivenciado aqui. Somos chamados também a perder a vida pelo Reino, assumindo nossa cruz, renunciando a nossa vontade para fazer a vontade de Deus: assumindo os valores evangélicos, não sendo coniventes com a corrupção e sem nos deixar corromper, amando o próximo como Jesus nos amou, perdoando e sendo misericordiosos.

Em nenhum momento Jesus nos ofereceu vida boa, cura ou milagres... Ele prometeu, no entanto, estar conosco em todos os momentos de nossas vidas, bons e ruins, aliviando nossos fardos até o dia em que formaremos uma única família no Reino dos Céus.

Romolo Picoli Ronchetti

É hora de PENSAR e REGISTRAR o meu encontro

» O que podemos fazer para tornar realidade o Reino dos Céus aqui na terra?

_____
_____
_____
_____
_____

» Nos Evangelhos existem inúmeras parábolas nas quais Jesus faz referência ao seu Reino. Medite sobre uma dessas parábolas e a comente. Alguns exemplos para sua escolha: Mc 4,26-29; Mc 4,30-32; Mt 13,1-23; Mt 13,24-30; Mt 13,31-32; Mt 13,33; Mt 13,47-50.

_____
_____
_____
_____
_____

Para CONHECER e APRENDER

A escolha dos apóstolos

Jesus era judeu e, desde pequeno, foi educado por José e Maria para observar os mandamentos e participar de todas as festas religiosas. Todo sábado estava na sinagoga (lugar de reunião, oração e estudo dos judeus). Após iniciar sua vida pública, Jesus passa a maior parte do seu tempo pregando e anunciando o Reino de Deus. Muitos, tocados por suas palavras, ensinamentos e sabedoria, passaram a segui-lo, tornando-se seus discípulos. Depois de um tempo, Jesus escolhe apenas doze para serem seus apóstolos, ou seja, aqueles que o acompanhariam todo o tempo, sendo formados e preparados para darem continuidade ao que Ele iniciara. A palavra *apóstolo* significa "enviado".

Depois de passar a noite em oração e conversa com o Pai, Jesus pronuncia o nome dos doze: "Pedro e André, seu irmão; Tiago, filho de Zebedeu, e João, seu irmão; Filipe e Bartolomeu; Tomé e Mateus, o cobrador de impostos; Tiago, filho de Alfeu, e Tadeu; Simão, o Zelotes, e Judas Iscariotes" (Mt 10,1-4). Esses foram os escolhidos para estarem com Jesus e, depois, para serem enviados a pregar, curar e apresentar ao mundo o Projeto Salvífico de Deus. Jesus passa muito tempo com os doze, preparando-os para essa missão.

Os doze escolhidos por Jesus são homens comuns, como pescadores e cobrador de impostos, sem grande conhecimento ou formação. O critério de escolha de Jesus talvez não tenha sido o de eleger os melhores, mas aqueles que estivessem mais disponíveis a segui-lo, que estivessem mais dispostos a mudarem de vida por causa do Reino.

Antes de serem chamados, esses homens ouviram falar de Jesus, foram tocados por suas palavras e o conheceram. Depois passaram um período em sua

companhia, ouvindo-o pregar, e foram então escolhidos como apóstolos, isto é, chamados a assumir mais de perto o compromisso da Boa Nova. Posteriormente, serão enviados.

Igual processo também deve acontecer conosco. Em algum momento de nossas vidas, Jesus nos chama. Somos tocados por suas palavras e largamos tudo para segui-lo. Este período de catequese é uma oportunidade que Deus nos dá para conhecê-lo melhor e, assim, mudarmos de vida, assumindo o compromisso de segui-lo mais de perto.

Jesus não se cansa de chamar homens e mulheres para segui-lo, independentemente da época. Os doze apóstolos são símbolos de toda a Igreja, chamada a continuar o projeto iniciado por Jesus. Hoje, Jesus chama cada um de nós e espera uma resposta, que deve ser dada individualmente.

Refletindo e aprendendo com a PALAVRA DE DEUS

Durante a semana, faça uma *Lectio Divina* de um dos Evangelhos da Liturgia Diária:

Dia	Livro	Capítulo	Versículos

- O que o texto lhe diz?

_____
_____
_____
_____
_____

22º Encontro — Do lado aberto de Jesus na cruz, nasce a Igreja

LEIA e MEDITE o texto de Jo 19,31-37.

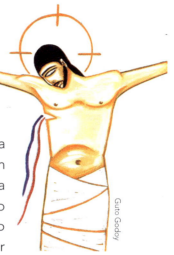

Jesus é condenado à morte. Seu amor derramado na cruz faz nascer a Igreja, sinal de sua presença no mundo. A ferida aberta do lado de Jesus, pela lança do soldado romano, fez com que alguns padres na Tradição da Igreja enxergassem no sangue e na água que dali saíram os dois sacramentos principais da Igreja: Eucaristia e Batismo. No prefácio da solenidade do Sagrado Coração de Jesus, oração feita antes do canto do santo na Oração Eucarística, é possível identificar esse significado: "E de seu lado aberto pela lança fez jorrar, com a água e o sangue, os sacramentos da Igreja para que todos, atraídos ao seu Coração, pudessem beber, com alegria, na fonte salvadora".

É hora de PENSAR e REGISTRAR o meu encontro

» Com a morte de Jesus na cruz, sua ressurreição e ascensão, a Igreja torna-se sinal de sua _____ no mundo. Complete a frase com a palavra adequada: *lembrança* ou *presença*. Depois descreva e descreva como isso se torna visível nas ações da Igreja, que é constituída por todos nós batizados.

_____
_____
_____
_____
_____
_____

» Quem é a Igreja hoje? O que é preciso fazer para tornar-se Igreja?

_____
_____
_____
_____
_____

Para CONHECER e APRENDER

Em Pentecostes nasce a missão da Igreja

Jesus, depois de aparecer ressuscitado aos apóstolos e de lhes transmitir as últimas orientações, enviou-os em missão para anunciar o Evangelho a todos os povos, batizando-os em nome da Trindade (cf. Mt 28,9). Antes, porém, lhes deixou o Espírito Santo para capacitá-los, encorajá-los e revesti-los da força do Alto (cf. Lc 24,48-49).

O Catecismo da Igreja Católica, n. 767, nos ensina:

> Terminada a obra que o Pai havia confiado ao Filho para realizar na terra, foi enviado o Espírito Santo no dia de Pentecostes para santificar a Igreja permanentemente. Foi então que a Igreja manifestou publicamente diante da multidão e começou a difusão do Evangelho com a pregação. Por ser convocação de todos os homens para a salvação, a Igreja é, por sua própria natureza, missionária enviada por Cristo a todos os povos para fazer deles discípulos.

A Igreja, que nasce em Cristo e por Ele é instituída, agora é manifestada e enviada ao mundo através do Espírito Santo. A sua missão é anunciar o Reino de Cristo e de Deus, estabelecendo-o em todos os povos. A passagem de Atos dos Apóstolos 2,1-11, nos revela o momento em que o Espírito Santo é derramado sobre os apóstolos reunidos no cenáculo em Jerusalém. Para o evangelista Lucas, esse acontecimento se deu 50 dias após a ressurreição de Jesus e 10 dias após a sua ascensão.

Guto Godoy

85

Pentecostes é um termo grego que significa "quinquagésimo", e se referia a uma festa já celebrada entre os judeus em memória do dia em que Moisés recebeu as Tábuas da Lei (os Dez Mandamentos) de Deus. Agora, com a Igreja nascida em Cristo, Pentecostes reveste-se de um novo significado: celebração em memória da descida do Espírito Santo sobre os apóstolos 50 dias após a Páscoa.

O texto de Atos dos Apóstolos 2,1-11 nos diz que o Espírito Santo se manifestou através de um forte vento e em línguas de fogo. Estes, então, se tornaram alguns dos seus símbolos, dentre outros: água, unção com óleo, fogo, nuvem e luz, dedo, mão e, por fim, pomba (cf. CIgC, n. 694-701). "Espírito" traduz o termo hebraico *Ruah*, o qual significa sopro, ar, vento em seu sentido primeiro. Ao Espírito Santo também foram atribuídos outros nomes: Paráclito, Consolador, Espírito da Verdade, Espírito da Promessa, Espírito de Adoção... (cf. CIgC, n. 691-693).

O Espírito Santo é derramado ainda hoje sobre a Igreja para que continue fiel à missão de anunciar o Evangelho e o Reino de Deus, inaugurado por Jesus. De nossa parte, enquanto cristãos e cristãs, membros do Corpo do Senhor, devemos clamar todos os dias pelo Espírito Santo, sendo dóceis a Ele para que, agindo em nós, nos envie a cumprir nossa missão como Igreja.

Refletindo e aprendendo com a PALAVRA DE DEUS

» Durante a semana, faça uma *Lectio Divina* de um dos Evangelhos da Liturgia Diária:

Dia	Livro	Capítulo	Versículos

- O que o texto lhe diz?

23º Encontro — As primeiras comunidades

LEIA e MEDITE o texto de At 2,42-47.

A princípio, com a maioria proveniente do judaísmo, os primeiros cristãos continuavam a frequentar o templo e as sinagogas, reunindo-se em casas para rezar e partir o pão. Com o tempo e as perseguições, os primeiros cristãos foram se distanciando das práticas do judaísmo e criando seus próprios costumes e tradições. A maior ruptura com a antiga religião se deu quando se abriram aos pagãos e constituíram o domingo como dia do Senhor por causa da ressurreição.

O livro dos Atos dos Apóstolos é testemunho dos primeiros passos dados pelos apóstolos e pelas primeiras comunidades que se formaram. Todas elas se constituíram e se organizaram vivendo a experiência do Cristo Ressuscitado: a convivência fraterna, a fração do pão, a oração, a fidelidade ao ensinamento dos apóstolos e à Palavra de Deus.

É hora de PENSAR e REGISTRAR o meu encontro

» Quais os quatro elementos distintivos da Igreja primitiva que Lucas escreve (At 2,42-47), que são também o ideal e as inspirações de todas as comunidades cristãs? Ao identificar cada uma, escreva como você poderá colocá-la em prática.

1º _____
_____
_____
_____

87

2º _____

3º _____

4º _____

Para CONHECER e APRENDER

Pedro, o primeiro Papa da Igreja

Eles prenderam Jesus e o levaram para a casa do sumo sacerdote. Pedro o seguia de longe. [...] Pedro, porém, disse: 'Moço, não sei o que estás dizendo'. Nisso, enquanto Pedro ainda falava, o galo cantou. Voltando-se, o Senhor olhou para Pedro, e este se lembrou das palavras de Jesus, quando lhe disse: 'Antes que hoje o galo cante, tu me terás negado três vezes. (Lc 22,54-62)

Pedro era um homem corajoso, porém impulsivo. Logo após a última ceia, antes de irem para o Monte das Oliveiras, Jesus diz que ainda naquela noite um deles (apóstolos) o trairia. Pedro é o primeiro a dizer que o defenderia e, se fosse preciso, daria a vida pelo Mestre (cf. Lc 22,33). Horas depois, Jesus é preso e levado para a casa do sumo sacerdote (cf. Lc 22,47-54).

Guto Godoy

Pedro é aquele que vai até o lugar onde Jesus é interrogado e mantido preso. Os que ali estão reconhecem-no como um dos seguidores de Jesus e o pressionam: "Tu também é um deles" (Lc 22,58). Por três vezes, Pedro nega que é um dos seguidores de Jesus e o galo canta, cumprindo a profecia do Senhor. Neste momento, quando Jesus passa e encontra seu olhar, Pedro se dá conta da sua covardia e chora...

O número três na Bíblia é simbólico, exprime totalidade por ser, talvez, três as dimensões do tempo: passado, presente e futuro. Assim, as três vezes em que Pedro negou Jesus representam todas as vezes que foi infiel. O choro arrependido de Pedro foi por ter visto o olhar de Jesus, que em nenhum momento foi de recriminação ou de decepção. Pelo contrário, foi um olhar

> Jesus foi misericordioso com Pedro, deu-lhe uma nova chance para professar a fé em seu nome, de se assumir um dos apóstolos do Mestre. A exemplo de Pedro, Deus também nos dá inúmeras oportunidades de mudarmos de vida, de nos arrependermos.

afetuoso e amoroso, o mesmo olhar de quando Jesus o havia chamado. Talvez Pedro esperasse um gesto de reprovação de Jesus, o que não ocorre, pois Ele o acolhe em sua misericórdia. Esse olhar faz com que Pedro se sinta arrependido e perceba o seu erro, a sua miséria. Jesus é então julgado, crucificado e morto. Porém, no terceiro dia, ressuscita e aparece constantemente aos discípulos.

> Jesus tornou a mostrar-se aos discípulos junto ao Mar de Tiberíades. E apareceu assim: Estavam juntos Simão Pedro e Tomé chamado Dídimo, Natanael de Caná da Galileia, os filhos de Zebedeu e outros dois discípulos. Simão Pedro disse: 'Eu vou pescar'. Os outros disseram: 'Nós também vamos contigo'. Eles saíram e entraram no barco, mas naquela noite não pescaram nada. Chegada a manhã, Jesus estava na praia, mas os discípulos não o reconheceram. Jesus perguntou: 'Moços tendes alguma coisa para comer?' Eles responderam: 'Não'. Jesus lhes disse: 'Lançai a rede à direita do barco e achareis'. Quando acabaram de comer, Jesus disse a Simão Pedro: 'Simão, filho de João, tu me amas mais do que estes?' Ele respondeu: 'Sim, Senhor, tu sabes que eu te amo'. [...] Pela terceira vez Jesus perguntou: 'Simão, filho de João, tu me amas?' Pedro ficou triste por lhe ter perguntado três vezes 'tu me amas?' e respondeu: 'Senhor, tu sabes tudo, sabes que eu te amo'. Disse-lhe Jesus: 'Apascenta as minhas ovelhas'. (Jo 21,1-19)

Pedro, Tomé, Natanael e outros discípulos saíram para pescar, pois, após a morte de Jesus, retomaram os trabalhos que tinham antes de conhecê-lo (cf. Jo 21,1-19). Quando voltam, deparam-se com Jesus à margem pedindo-lhes algo para comer, porém não o reconhecem. Como não conseguiram pescar nada naquela noite, Jesus os manda lançar a rede à direita do barco e, com isso, pegam tamanha quantidade de peixes que quase não conseguem puxá-la. Aqui podemos recordar a passagem do Evangelho em que Pedro é chamado a ser pescador de homens (cf. Lc 5,1-11). O discípulo amado, a quem acredita-se ser João, reconhece o Senhor. Pedro, ao ouvir isso, imediatamente veste a roupa e se lança ao mar para ir ao encontro de Jesus. E inicia-se, assim, mais um diálogo entre Jesus e Pedro que mudará completamente a sua vida.

Após ter dado a bênção aos alimentos e comerem, Jesus pergunta a Pedro: "Simão, filho de João, tu me amas mais do que estes?". Pedro responde que o ama. Porém, para interpretar esses questionamentos de Jesus e as respostas de Pedro, é preciso recorrer aos textos originais e entender de que "amor" estão falando. Em grego, existem três palavras que designam o amor, e cada uma apresenta um sentido diferente:

- **Eros** – usado para designar o amor dos enamorados, dos esposos, o amor que vai além da amizade.

- **Philia** – significa "amizade" e era empregado ao amor familiar, à amizade fiel, ao amor fraternal.

- **Ágape** – usado para significar o amor gratuito, desinteressado, a ponto de dar a vida por quem se ama. Esse é o amor que Jesus dedica a nós, amor total.

Sendo assim, precisamos reler o diálogo de Jesus e Pedro para melhor compreendê-lo. Quando Jesus pergunta para Pedro se o ama, Ele usa o termo Ágape, querendo saber se Pedro é capaz de amá-lo com todo o seu coração, a ponto de dar a vida por Ele, de forma profunda e incondicional. Pedro responde com a expressão Philia, ou seja, Pedro o amava como amigo, não a ponto de dar sua vida. A resposta de Pedro é sincera, pois reconheceu a sua fragilidade ao negar Jesus, agora não mais promete o que não pode cumprir.

E assim acontece com as duas primeiras perguntas de Jesus, e com as duas respostas de Pedro: "Pedro, tu me ÁGAPE?"; "Senhor, tu sabes que eu PHILIA".

Mas algo surpreendente acorre na terceira vez que Jesus pergunta a Pedro se o ama. Jesus agora usa o termo Philia: "Pedro, tu me PHILIA?". A pergunta de Jesus, empregando a expressão Philia, significa que aceita o amor de amizade de Pedro, limitado pela fragilidade humana, pois era tudo o que seu discípulo tinha a lhe oferecer. A resposta à terceira pergunta de Jesus é a mesma: "Senhor, tu sabes que eu Philia". É o reconhecimento de um amor imperfeito, que necessita da graça e da misericórdia de Deus para ser transformado em Ágape. A resposta de Pedro é a sua profissão de fé, de acreditar que Deus pode mudar a sua vida.

As três perguntas de Jesus nos recordam das três vezes que Pedro o havia negado. Entre os dois acontecimentos encontramos um homem (Pedro) que amadureceu e aprendeu a reconhecer suas limitações, e que sabe não poder ser fiel a Deus sem a ajuda de Cristo.

Jesus convida Pedro para pastorear o seu rebanho, sendo o primeiro Papa da Igreja. Ele sabe que, hoje, Pedro "escolhe" ter uma relação apenas de amizade, mas que, à medida que se deixar conduzir pela Palavra, esta lhe exigirá uma resposta maior e o conduzirá a entregar sua vida pelo Senhor. Assim, à medida que os laços de Pedro e Jesus se estreitarem, à medida que tiverem cada vez mais intimidade, o amor de Pedro se transformará em Ágape.

A Tradição da Igreja testemunha a transformação total do Philia em Ágape na vida de Pedro, e nos diz que Pedro, o primeiro Papa, morreu crucificado de cabeça para baixo a seu pedido, pois não era digno de ter a mesma morte que o seu Senhor. A biografia de Pedro é testemunho e prova de que, quando nos abrimos e deixamos Deus nos conduzir, nossas vidas são transformadas.

A beleza desse Evangelho é entender que Jesus aceita o amor imperfeito de Pedro e, consequentemente, o amor de todos nós. Mais do que isso, Jesus nos confia a missão de levarmos adiante o anúncio da Boa Nova e a edificação do Reino de Deus, somos chamados a atuarmos como seus colaboradores. Jesus, portanto, nos escolhe não pelas nossas qualidades, mas pela disponibilidade que temos em servi-lo, em confiarmos no seu amor.

A palavra *Papa* provém de um termo grego e significa "pai", "papai", em sentido familiar e carinhoso. O Papa, nesse sentido, é o "pai" responsável por conduzir toda a Igreja e ser sinal de sua unidade. Os Papas que vieram depois de São Pedro são seus sucessores. O Papa, portanto, é o Bispo de Roma e o chefe supremo da Igreja católica, chamado também de "o Sumo Pontífice" ou "o Santo Padre".

Refletindo e aprendendo com a PALAVRA DE DEUS

» Durante a semana, faça uma *Lectio Divina* de um dos Evangelhos da Liturgia Diária:

Dia	Livro	Capítulo	Versículos

- O que o texto lhe diz?

_____
_____
_____
_____
_____
_____
_____
_____

24º Encontro — A fé professada pela Igreja

LEIA e MEDITE o texto de Mt 16,13-18.

Dizer "eu creio" é aceitar livremente toda a verdade que Deus revelou ao ser humano. E isso implica um envolvimento pessoal, um comprometimento com Deus e a Igreja. Implica colocar em prática e viver os seus ensinamentos, acreditar que Deus é nosso Pai, que nos adotou como filhos e que o seu poder são o amor e a misericórdia.

Sobre a Profissão da Fé cristã, diz o Catecismo da Igreja Católica, n. 185-187:

> Quem diz "creio" diz "dou minha adesão àquilo que nós cremos". A comunhão na fé precisa de uma linguagem comum da fé, normativa para todos e que una na mesma confissão de fé.
>
> Desde a origem, a Igreja apostólica exprimiu e transmitiu sua própria fé em fórmulas breves e normativas para todos. Mas já muito cedo a Igreja quis também recolher o essencial de sua fé em resumos orgânicos e articulados, destinados sobretudo aos candidatos ao Batismo:
>
> Esta síntese da fé não foi elaborada segundo as opiniões humanas, mas da Escritura inteira recolheu-se o que existe de mais importante, para dar, na sua totalidade, a única doutrina da fé. E assim como a semente de mostarda contém em um pequeníssimo grão um grande número de ramos, da mesma forma este resumo da fé encerra em algumas palavras todo o conhecimento da verdadeira piedade contida no Antigo e no Novo Testamento.
>
> Estas sínteses da fé, chamam-se "profissões de fé", pois resumem a fé que os cristãos professam. Chamam-se "Credo", em razão da primeira palavra com que normalmente começam: "Creio...". Denominam-se também Símbolos da fé.

É hora de PENSAR e REGISTRAR o meu encontro

» Por que a fé, apesar de individual, não pode ser vivida sozinha?

_____
_____
_____
_____

» Escreva no quadro a seguir os parágrafos do "Simbolo dos apóstolos", que se referem ao "Símbolo niceno-constantinopolitano".

Símbolo dos apóstolos	Símbolo niceno-constantinopolitano
	Creio em um só Deus, Pai todo-poderoso,
	criador do céu e da terra, de todas as coisas visíveis e invisíveis.
	Creio em um só Senhor, Jesus Cristo, Filho Unigênito de Deus, nascido do Pai antes de todos os séculos: Deus de Deus, Luz da Luz, Deus verdadeiro de Deus verdadeiro; gerado, não criado, consubstancial ao Pai. Por Ele todas as coisas foram feitas. E por nós, homens, e para nossa salvação desceu dos céus.
	e encarnou pelo Espírito Santo, no seio da Virgem Maria, e se fez homem.
	Também por nós foi crucificado sob Pôncio Pilatos; padeceu e foi sepultado.

	Ressuscitou ao terceiro dia, conforme as Escrituras;
	e subiu aos céus, onde está sentado à direita do Pai.
	E de novo há de vir, em sua glória, para julgar os vivos e os mortos; e o seu Reino não terá fim.
	Creio no Espírito Santo, Senhor que dá a vida e procede do Pai e do Filho; e com o Pai e o Filho é adorado e glorificado:
	Ele que falou pelos profetas. Creio na Igreja, una, santa, católica e apostólica.
	Professo um só Batismo para a remissão dos pecados.
	E espero a ressurreição dos mortos e a vida do mundo que há de vir.
Amém.	Amém.

Para CONHECER e APRENDER ✝

➤ **Sugestão de Leitura:**

STEINDL-RAST, Irmão David. *Além das palavras*: vivendo o Credo apostólico. São Paulo: É Realizações Editora, 2014.

Refletindo e aprendendo com a PALAVRA DE DEUS

Durante a semana, faça uma *Lectio Divina* de um dos Evangelhos da Liturgia Diária:

Dia	Livro	Capítulo	Versículos

- O que o texto lhe diz?

25º Encontro — Deus se dá a conhecer plenamente

Leia e MEDITE o texto de Mt 11,25-27.

Jesus deixa claro que quem quiser fazer uma experiência profunda e íntima de Deus deve aceitá-lo e segui-lo. Quem o rejeitar, não poderá "conhecer" o Pai: quando muito, encontrará imagens distorcidas de Deus e as usará para julgar o mundo e o próximo. Quem aceitar Jesus e segui-lo, porém, aprenderá a viver em comunhão com Deus, na obediência total aos seus projetos e na aceitação incondicional dos seus planos.

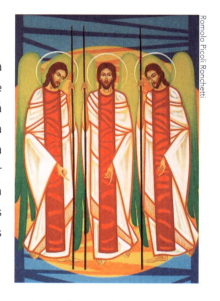
Romolo Picoli Ronchetti

> "No dia em que o SENHOR Deus fez a terra e o céu [...] Deus formou o ser humano do pó da terra, soprou-lhe nas narinas o sopro de vida e ele tornou-se um ser vivo." (Gn 2,4b.7)

No primeiro artigo da Profissão de Fé – "**Creio em Deus Pai Todo-Poderoso, criador do céu e da terra**" – reconhecemos Deus como autor de todas as coisas, criadas para manifestar e comunicar sua glória, fazendo com que suas criaturas participassem de sua verdade, de sua bondade e se sua beleza. No segundo artigo – "**E em Jesus Cristo, seu único Filho, nosso Senhor**"– professamos não apenas que Jesus é o Filho de Deus, em sentido único e perfeito (1Jo 4,9), o "Filho bem amado" (Mc 1,11), mas também que cremos em sua divindade, na sua soberania enquanto Deus, segunda Pessoa da Santíssima Trindade. Por fim, no terceiro artigo – "**Que foi concebido pelo poder do Espírito Santo, nasceu da Virgem Maria**"– afirmamos que por ação do Espírito Santo, terceira pessoa da Santíssima Trindade, Maria fica grávida. Maria concebe o Filho de

> "E vós, quem dizeis que eu sou? [...] Tu és o Cristo, o Filho de Deus vivo." (Mt 16,15-16)

> "Eis que a Virgem conceberá e dará à luz um filho, e o chamarão com o nome de Emanuel, que significa: Deus conosco." (Mt 1,23)

Deus. É o mistério da "encarnação": admirável união da natureza divina e da natureza humana na única Pessoa divina do verbo. Para realizar a nossa salvação, o Filho de Deus se fez "carne", se fez homem.

É hora de PENSAR e REGISTRAR o meu encontro

» Quem é Jesus e o que Ele representa para você?

_____
_____
_____
_____
_____
_____

» Deus é o criador do céu e da terra... Você já parou para contemplar as maravilhas da criação a sua volta? Com que frequência você faz isso? Observou as cores e a beleza das flores e animais? Se ainda não fez, observe a natureza por alguns instantes e escreva uma oração agradecendo a Deus por toda a obra da criação.

_____
_____
_____
_____
_____
_____

» O Papa Francisco, em sua Carta Encíclica LAUDATO SI' – que significa "Louvado Sejas" –, nos convida a olhar o mundo como nossa Casa Comum, que pertence a todos nós e deve ser cuidada com carinho. Como nós cristãos podemos responder a esse apelo do Papa no cuidado e respeito à natureza e a tudo o que Deus criou? Quais atitudes e gestos concretos podemos realizar?

_____
_____
_____
_____

Para CONHECER e APRENDER

A criação: obra perfeita de Deus - Parte 1

Há muito tempo, o homem se pergunta como tudo foi criado. A busca pela compreensão de como se originou o Universo e o que nele existe proporcionou, e ainda proporciona, várias discussões, pesquisas e teorias. Desde os tempos mais remotos, muitas teorias geraram grandes polêmicas envolvendo conceitos religiosos, filosóficos e científicos. Quem nunca ouviu falar do Big Bang, a teoria da grande expansão, ou ainda de Charles Darwin e sua teoria da evolução das espécies?

Para o homem de fé, existe uma explicação muito mais antiga e muito mais aceita: o universo e tudo que nele existe são obras criadoras de Deus. Fé esta já relatada no primeiro livro da Bíblia e transmitida de geração em geração até nossos dias. Mas será que o mundo foi criado do jeitinho como nos relata o livro de Gênesis? Com certeza, não! Se prestarmos atenção, este livro apresenta dois relatos da história da criação: o primeiro encontra-se em Gn 1,1-2,4a e o segundo em Gn 2,4b-25.

Agora, faço um convite para dar uma paradinha, pegar sua Bíblia e ler as passagens indicadas, observando a diferença entre os dois relatos da criação.

Muitas interrogações certamente vieram à sua mente ao ler os dois primeiros capítulos do livro de Gênesis e perceber certa contradição entre uma história e outra... Em uma, Deus cria o homem pela Palavra: "Façamos o ser humano à nossa imagem e segundo nossa semelhança" (Gn 1,26). Em outra, o homem é criado do pó da terra e Deus lhe dá vida pelo sopro em suas narinas. Mas, afinal, o mundo foi criado em sete dias ou em apenas um? Adão e Eva foram criados de que forma? Do barro? São muitas as dúvidas que surgem, mas calma, devagar vamos desvendar as maravilhas escondidas em cada um desses textos.

Primeiramente, é preciso saber que em nenhum momento a Bíblia pretende dar uma descrição científica à origem do mundo. A Bíblia não é um livro de ciência nem sequer de história, de

PARO, Thiago Faccini. *Conhecer a FÉ que professamos*. Vozes: Petrópolis, 2017. p. 12-17.

modo que não se pode levar tudo ao pé da letra, ou seja, interpretá-la de maneira literal. A Bíblia utiliza uma linguagem figurada ou alegórica para transmitir sua mensagem. Então, o que está escrito nela é mentira? Não, não é mentira, mas através de uma alegoria, de uma história, transmite-se uma verdade: Deus é o autor de tudo o que existe! Sem preocupações científicas, o autor sagrado ensina as verdades fundamentais da fé.

No primeiro relato da criação, Deus cria o universo, o homem e a mulher através da Palavra: "Faça-se!". No segundo relato, como um oleiro, Deus modela o homem do barro e lhe dá a vida com um sopro em suas narinas. São duas versões escritas em épocas diferentes e redigidas como introdução para a história do povo de Israel, origem do povo judeu, do qual nasceu Jesus Cristo e posteriormente o cristianismo. Os dois relatos são escritos dentro de um contexto da história, quando o povo hebreu havia sido levado para o exílio, para longe da sua terra natal, de sua cultura... Os hebreus instalam-se numa terra pagã, politeísta, onde se acreditava em vários deuses: deus do sol, deusa da terra, deus da fertilidade... Este choque de cultura faz os anciões escreverem alguns livros (que depois constituiriam parte da Bíblia) para que a sua fé, até então transmitida oralmente de pai para filho, não se perdesse.

Os relatos da criação nascem como instrumentos para transmitir e perpetuar a fé do povo de Israel. Mais que uma história, queria-se transmitir uma mensagem para afirmar que tudo o que o povo pagão cultuava como deuses era, para o povo hebreu a criação do único e verdadeiro Deus: Javé!

O primeiro relato da criação tem o sentido de ensinar aos descendentes, aos filhos que nasceram no ambiente do exílio, que Deus é o autor de tudo. A história construída na estrutura de uma semana, sete dias, é fruto da observação da vida cotidiana do povo e da sua relação com Deus. O descansar de Deus, descrito no livro, quer ensinar a observância do sábado (seis dias trabalhou e, no sétimo, descansou), como também todo judeu deve fazer. Deus não precisa descansar, e no tempo Dele não existe calendário: mil anos para o Senhor é como um dia, e um dia é para o Senhor como mil anos (cf. 2Pd 3,8). Para Deus, não existe tempo nem espaço... Adão e Eva aqui não são um casal apenas, um homem e uma mulher, mas representam a humanidade, todos os homens e mulheres criados à imagem e semelhança de Deus. Sendo assim, mais do que dizer como o mundo foi criado, as duas versões transmitem uma verdade: Deus é o criador de tudo. Ao autor sagrado, a preocupação não está no modo como o mundo foi criado.

Neste sentido, fé e razão podem dialogar em perfeita sintonia. O mundo pode ter surgido a partir de uma grande explosão, como sugere a teoria do Big Bang? Pode, sim! Pois, para algo explodir, é necessário que "alguém" acenda o pavio. Nós, cristãos, não temos dúvida de que foi Deus. Ou ainda sobre a teoria de Darwin, que defende a evolução das espécies, para algo evoluir, é preciso existir uma célula que seja... Para nós, o criador é Deus, que, sua infinita onipotência, previu e planejou cada uma dessas coisas e pôs na matéria essa força de expansão.

Mas o que essas duas histórias da criação têm mais a nos dizer?

Depois dessa breve introdução, podemos interpretá-las de diversas formas e enriquecer nossa alma e coração. Por trás da alegoria e da linguagem simbólica, encontramos muitas verdades. Farei uma interpretação pessoal, que a mim muito ajuda a entender e compreender todo o Projeto de Salvação que Deus tem para cada um de nós.

Deus cria Adão e Eva, o homem e a mulher, símbolos da humanidade, e lhes dá toda a criação para que dela desfrutem, cuidem e a preservem. Num belo dia, Eva é tentada pela serpente a comer do fruto de uma das árvores que estavam no centro do jardim, das quais Deus havia ordenado para nunca experimentarem. Quantas e quais eram essas árvores? Eram duas: a árvore da vida e a árvore do conhecimento do bem e do mal. Eva, além de se deixar seduzir e comer do fruto do conhecimento, oferece-o para Adão. Os dois então descobrem que estão nus, sentem vergonha e se escondem. Deus Pai procura por eles.

Costumo dizer que Deus é igual às mães, que ficam acordadas esperando os filhos voltarem para casa quando saem para alguma festa. Só quando uma mãe escuta seu filho chegar é que consegue dormir tranquila. E, no outro dia, quando o filho acorda às 14 horas, a mãe geralmente lhe diz: "Boa tarde, filho, a mamãe nem viu você chegar... A que horas chegou?". Ela sabe o horário, porém quer ouvir a resposta dele... Assim é Deus, Ele sabia que Adão e Eva tinham comido do fruto da árvore do conhecimento do bem e do mal, mas, mesmo assim, lhes dá uma chance de saírem do esconderijo e reconhecerem o erro.

"Onde estás?", pergunta Deus. E Adão responde: "Ouvi teus passos no jardim. Fiquei com medo porque estava nu, e me escondi". Deus indaga: "E quem te disse que estavas nu? Então comestes da árvore, de cujo fruto te proibi comer?" (Gn 3,9-11). E a resposta de Adão não poderia ter sido a pior: "A mulher que me deste por companheira, foi ela que me fez provar do fruto da árvore, e eu comi" (Gn 3,12). Adão, além de não assumir o seu erro, ainda culpa a mulher e consequentemente o próprio Deus: "A mulher que me deste por companheira". E a mulher culpa a serpente... Talvez aqui esteja o maior pecado da humanidade: não acreditar na bondade e misericórdia de Deus, não aceitar o seu amor. Deus sabia que tinham pecado, que tinham errado, e se Adão e Eva tivessem assumido a culpa, reconhecido seu erro, Deus os teria perdoado. O pecado que os fez sair do paraíso, portanto, não foi o de terem comido o fruto, mas de não terem reconhecido sua responsabilidade. Se não se admite a culpa, não pode haver arrependimento.

Na sua infinita bondade, Deus tece vestes com pele de animais e cobre Adão e Eva: "E o Senhor Deus fez para Adão e sua mulher túnicas de pele e os vestiu" (Gn 3,21). É importante prestarmos atenção nisso, pois o que está no imaginário de muitos de nós é que Deus expulsou Adão e Eva do paraíso como castigo. Muito comumente vemos quadros de Adão e Eva retratados nus, seus rostos tristes. No entanto, a delicadeza e o cuidado de Deus são grandes, a ponto de os vestir antes de os fazer saírem do Éden. Deus não os expulsou, mas por que os fez sair do Jardim? A resposta: para preservá-los da morte eterna. Diz uma tradição oriental que, estando em pecado, não assumindo a culpa, Adão e Eva poderiam também comer do fruto da outra árvore, a árvore da vida, e isso os aniquilaria, ou seja, eternizaria "a morte", o erro, o pecado. Deus, então, os fez saírem para preservá-los, protegê-los, para que pudesse reconduzi-los de volta ao paraíso no tempo oportuno.

Paremos um pouco e reflitamos sobre a realidade da sociedade e do mundo em que vivemos...

Como é fácil culpar os outros, como é difícil assumir os próprios erros. O Papa Francisco talvez tenha sido profético ao ter convocado o Ano Santo da Misericórdia em 2016, convidando-nos a perdoar mais, a apontar menos o dedo acusatório... Assim, talvez tenhamos mais coragem de assumir quem nós somos e, reconhecendo nossas limitações e fragilidades, buscar tornar-nos melhores a cada dia. Não tenhamos medo de assumir que somos pecadores. A bondade de Deus é muito maior. Acredito ser esse o primeiro passo a ser dado no caminho de volta ao jardim da vida eterna.

> **Sugestão de Leitura:**

Carta Encíclica *LAUDATO SI': sobre o cuidado da casa comum*, do Papa Francisco. Facilmente encontrada na internet e nas livrarias católicas.

Refletindo e aprendendo com a PALAVRA DE DEUS

>> Durante a semana, faça uma *Lectio Divina* de um dos Evangelhos da Liturgia Diária:

Dia	Livro	Capítulo	Versículos

- O que o texto lhe diz?

_____
_____
_____
_____
_____
_____

26º Encontro — Morreu e ressuscitou para nos salvar

LEIA e MEDITE o texto de Mc 15,1-15.

Jesus foi preso, julgado e condenado à morte de cruz pelo Império Romano. Pôncio Pilatos era a autoridade suprema do poder romano). Jesus passou por um julgamento e, considerado culpado, teve por penitência a morte de cruz.

No quarto artigo do Símbolo – "**Padeceu sob Pôncio Pilatos, foi crucificado, morto e sepultado**"– reconhecemos que, por amor à humanidade, Jesus livremente se entregou à cruz, como sacrifício expiatório, ou seja, reparou as nossas culpas com a obediência plena do seu amor até a morte. Aquilo que era causa de escândalo e vergonha, ser crucificado, torna-se instrumento de Salvação a toda a humanidade. No quinto artigo – "**Desceu à mandão dos mortos; ressuscitou ao terceiro dia**" – professamos que Cristo é aquele que nos resgata da morte e nos dá vida em plenitude. Ao recitarmos o sexto artigo – "**Subiu aos céus, está sentado à direita de Deus Pai Todo-Poderoso** – afirmamos que Cristo, sendo Filho de Deus, sobre por si mesmo ao céu. A sua ascensão assinala a entrada definitiva da humanidade de Jesus no Reino de Deus. "Jesus Cristo, Cabeça da Igreja, nos precede no Reino glorioso do Pai para que nós, membros de seu Corpo, vivamos na esperança de estarmos um dia eternamente com Ele" (CIgC, n. 667). O sétimo artigo do Credo – "**Donde há de vir a julgar os vivos e os mortos**"– dizemos crer que Jesus Cristo voltará um dia, instaurando definitivamente seu Reino. Nesse dia,

> "Mas agora, livres do pecado e feitos servos de Deus, colheis como fruto a santidade e, como fim, tendes a vida eterna." (Rm 6,22)

> "Assim como em Adão todos morreram, assim em Cristo todos reviverão." (1Cor 15,22)

> "O Senhor Jesus foi elevado ao céu e sentou-se à direita de Deus." (Mc 16,19)

os segredos dos corações dos homens e mulheres serão revelados, bem como a conduta de cada um em relação a Deus e ao próximo. Todo homem será repleto de vida ou condenado pela eternidade, de acordo com suas obras.

> *"Na verdade eu vos digo: quem escuta minha palavra e crê naquele que me enviou tem a vida eterna e não é condenado, mas passou da morte para a vida."* (Jo 5,24)

É hora de PENSAR e REGISTRAR o meu encontro

» Por que Jesus, mesmo sendo inocente, aceita livremente ser crucificado?

» Recorde e escreva os nomes de familiares e amigos que já partiram e estão junto de Deus. Depois faça um momento de oração rezando por cada um deles.

» O que é a ressurreição para os cristãos?

❯❯ Pesquise, no calendário litúrgico, as datas em que a Igreja celebra a "ascensão do Senhor" e a "assunção de Maria".

_____
_____
_____
_____

Para CONHECER e APRENDER

A criação: obra perfeita de Deus - Parte 2

Uma tradição oriental não registrada no livro de Gênesis dá continuidade à história, contando que Adão e Eva, ao saírem do Jardim do Éden, tiveram que trabalhar para sobreviver. Assim, experimentaram os desafios e as limitações de nosso pobre corpo mortal. Com o passar do tempo, a idade e as doenças chegaram, e o homem começou a morrer. Lembremos que distanciar-se de Deus pelo pecado gera a morte. Prevendo a proximidade de seus últimos dias, Adão envia Set, um de seus filhos, até as portas do Jardim para interceder por ele; para pedir que Miguel, arcanjo que guardava a porta do paraíso, lhe desse o fruto da árvore da vida. E mais uma vez, no seu infinito amor, Deus se compadece. Entrega a Set algumas sementes para serem colocadas na boca de Adão quando adormecesse no sono da morte. Ele volta correndo ao encontro do pai, que, ao ver as sementes, reaviva a esperança de um dia poder retornar ao paraíso. Adão morre e é sepultado numa montanha, tendo as sementes em sua boca.

Ainda, essa tradição oriental diz que destas sementes cresceram inúmeras árvores. Delas saiu o madeiro para a Arca de Noé, a lenha para o sacrifício de Isaac, o cajado de Moisés, a Arca da Aliança, a manjedoura de Jesus e, por fim, da última árvore, o madeiro para a cruz de Jesus Cristo.

> *Set era o terceiro filho de Adão e Eva, nascido após a morte de Abel e Eva. Acredita-se que fora designado por Deus para estabelecer uma nova descendência, em substituição a Abel, morto por Caim. Set é indicado como justo pela teologia judaico-cristã, em contraposto com Caim, é chamado de ancestral de todas as gerações dos justos.*

PARO, Thiago Faccini. *Conhecer a FÉ que professamos*. Vozes: Petrópolis, 2017. p. 12-17.

Essa lenda quer evidenciar que Deus sempre teve um Plano de Amor e de Salvação para o ser humano. Deus é paciente e, ao longo da história, se revelou à humanidade, deu-lhe profetas, reis e sacerdotes para conduzi-la. No tempo oportuno, enviou seu próprio Filho para salvá-la.

A história preservada pela Tradição também nos conta que um grande tremor foi sentido no momento da crucificação e morte de Jesus. O monte onde Ele foi crucificado se partiu, rachou ao meio e o seu sangue escorreu, molhando os corpos ali sepultados. Sim, o monte Calvário (que significa "o lugar da caveira", cf. Mt 27,33) foi o lugar da crucifixão e também onde eram sepultados os corpos... A Tradição nos conta que, neste mesmo monte, estavam sepultados Adão e Eva. No momento do tremor, o próprio Jesus desce e vai ao encontro dos nossos primeiros pais. A iconografia bizantina da anástasis traduz com clareza este instante. Anástasis é uma palavra grega que significa "ressurreição". O ícone da anástasis reproduz a doutrina do levantar, do acordar de Adão e Eva pelo próprio Cristo que desce à mansão dos mortos e quebra suas portas.

O texto belíssimo de uma homilia do século IV descreve o diálogo que poderia ter acontecido entre Adão e Jesus no momento de sua descida à mansão dos mortos. Apresentamos a seguir o texto desta antiga homilia, feita num Sábado Santo.

A DESCIDA DO SENHOR À MANSÃO DOS MORTOS

Que está acontecendo hoje? Um grande silêncio reina sobre a terra. Um grande silêncio e uma grande solidão. Um grande silêncio, porque o Rei está dormindo; a terra estremeceu e ficou silenciosa, porque o Deus feito homem adormeceu e acordou os que dormiam há séculos. Deus morreu na carne e despertou a mansão dos mortos.

Ele vai antes de tudo à procura de Adão, nosso primeiro pai, a ovelha perdida. Faz questão de visitar os que estão mergulhados nas trevas e na sombra da morte. Deus e seu Filho vão ao encontro de Adão e Eva cativos, agora libertos dos sofrimentos.

O Senhor entrou onde eles estavam, levando em suas mãos a arma da cruz vitoriosa. Quando Adão, nosso primeiro pai, o viu, exclamou para todos os demais, batendo no peito e cheio de admiração: "O meu Senhor está no meio de nós". E Cristo respondeu a Adão: "E com teu espírito". E tomando-o pela mão, disse: "Acorda, tu que dormes, levanta-te dentre os mortos, e Cristo te iluminará."

"Eu sou o teu Deus, que por tua causa me tornei teu filho; por ti e por aqueles que nasceram de ti, agora digo e, com todo o meu poder, ordeno aos que estavam na prisão: 'Sai!'; e aos que jaziam nas trevas: 'Vinde para a luz!'; e aos entorpecidos: 'Levantai-vos!'.

Eu te ordeno: Acorda, tu que dormes, porque não te criei para permaneceres na mansão dos mortos. Levanta-te, obra das minhas mãos; levanta-te, ó minha imagem, tu que foste criado à minha semelhança. Levanta-te, saiamos daqui; tu em mim e eu em ti, somos uma só e indivisível pessoa.

Por ti, eu, o teu Deus, me tornei o teu filho; por ti, eu, o Senhor, tomei tua condição de escravo. Por ti, eu, que habito no mais alto dos céus, desci à terra e fui até mesmo sepultado debaixo da terra. Por ti, feito homem, tornei-me alguém sem apoio, abandonado entre os mortos. Por ti, que deixaste o jardim do paraíso, ao sair de um jardim, fui entregue aos judeus e, num jardim, crucificado.

Vê em meu rosto os escarros que por ti recebi, para restituir-te o sopro da vida original. Vê na minha face as bofetadas que levei para restaurar, conforme à minha imagem, tua beleza corrompida.

Vê em minhas costas as marcas dos açoites que suportei por ti para retirar dos teus ombros o peso do pecado. Vê minhas mãos fortemente pregadas à árvore da cruz, por causa de ti, como outrora estendeste levianamente as tuas mãos para a árvore do paraíso.

Adormeci na cruz e por tua causa a lança penetrou o meu lado, como Eva surgiu do teu, ao adormeceres no paraíso. Meu lado curou a dor do teu lado. Meu sono vai arrancar-te do sono da morte. Minha lança deteve a lança que estava dirigida contra ti.

Levanta-te, vamos daqui. O inimigo te expulsou da terra do paraíso; eu, porém, já não te coloco no paraíso, mas num trono celeste. O inimigo afastou de ti a árvore, símbolo da vida; eu, porém, que sou a vida, estou agora junto de ti. Constituí anjos que, como servos, te guardassem, ordeno agora que eles te adorem como Deus, embora não sejas Deus.

Está preparado o trono dos querubins, prontos e a postos os mensageiros, construído o leito nupcial, preparado o banquete, as mansões e os tabernáculos eternos adornados, abertos o tesouro de todos os bens e o Reino dos céus desde toda a eternidade.

Enfim, a história de Adão e Eva é símbolo da história de toda a humanidade. Somos pecadores, viramos as costas a Deus a todo instante. Desobedecemos, mentimos, culpamos... Mas, mesmo assim, Deus nos quer junto Dele e nos dá uma nova chance a cada dia, a cada manhã. O sol que ilumina nossas janelas ao amanhecer é sinal da luz de Cristo, da nova chance, da nova oportunidade para sermos melhores, para amarmos mais e confiarmos no amor e na bondade de nosso Deus. O Sacramento da Reconciliação deixado por Cristo é prova disso. Deus nos perdoa sempre... A nós, cabe reconhecer o nosso erro e pedir perdão.

Refletindo e aprendendo com a PALAVRA DE DEUS

Durante a semana, faça uma *Lectio Divina* de um dos Evangelhos da Liturgia Diária:

Dia	Livro	Capítulo	Versículos

- O que o texto lhe diz?

27º Encontro — Creio no Espírito Santo... na vida eterna

LEIA e MEDITE o texto de Rm 8,1-11.

No oitavo artigo do Símbolo professamos: "**Creio no Espírito Santo**". O Espírito Santo, terceira Pessoa da Santíssima Trindade, é aquele que nos auxilia, que nos santifica, que nos dá coragem e nos impulsiona a servir a Deus e testemunhar a Verdade de Cristo. Em seguida, no nono artigo – "**Na santa Igreja católica, na comunhão dos Santos**" –, professamos que a Igreja não é o local físico, a Igreja somos todos nós, assembleia de fiéis, batizados espalhados por todo o mundo que se reúnem em torno da mesma fé no Cristo Senhor: "Na comunhão de todos os fiéis de Cristo, dos que são peregrinos na terra, dos defuntos que estão terminando a sua purificação, dos bem-aventurados do céu, formandos, todos juntos, uma só Igreja" (CIgC, n. 962). Com o décimo artigo – "**Na remissão dos pecados**" – testemunhamos que Jesus morreu na cruz por amor à humanidade, para salvar todo homem e mulher da morte do pecado. Por sua morte, todos fomos lavados em seu sangue. Ele que, não tendo pecado, assumiu os nossos pecados, deixando à Igreja, antes de subir junto ao Pai, a missão e o poder de perdoar os pecados daqueles que, com coração sincero e arrependido, pedirem o perdão.

> "O Espírito Santo que o Pai enviará em meu nome, ele vos ensinará tudo e vos trará à memória tudo quanto eu vos disse." (Jo 14,26)

> "Sede perfeitos como o vosso Pai celeste é perfeito." (Mt 5,48)

> "Em seu nome seria pregada a todas as nações a conversão para o perdão dos pecados". (Lc 24,45-48)

Por fim, nos dois últimos artigos professamos crer: "**na ressurreição da carne, na vida eterna**", pois, "no fim dos tempos, o Reino de Deus chegará à sua plenitude. Então, os justos reinarão com Cristo para sempre, glorificados em corpo e alma, e o próprio universo material será transformado. Então Deus será 'tudo em todos' (1Cor 15,28), na Vida Eterna" (CIgC, n. 1060).

> *"Se o Espírito daquele que ressuscitou Jesus dos mortos habita em vós, quem ressuscitou Jesus Cristo dos mortos também dará a vida a vossos corpos mortais pelo seu Espírito que habita em vós".* (Rm 8,11)

É hora de PENSAR e REGISTRAR o meu encontro

» Em que situações é possível reconhecer a força e a ação do Espírito Santo em nossa vida, de nossa comunidade e no mundo?

_____
_____
_____
_____
_____

» Por que dizemos que somos "templos" do Espírito Santo?

_____
_____
_____
_____
_____
_____

» O que é preciso para fazer parte da Igreja e como somos incorporados a ela? Através de qual sacramento?

_____
_____
_____
_____
_____
_____
_____

» Pesquise a história da vida de um(a) Santo(a) e identifique suas limitações e esforços para ser melhor a cada dia, para colocar em prática o mandamento de amar a Deus e ao próximo como a si mesmo. Escolha e escreva uma das virtudes dele(a) que você pode exercitar em sua vida, podendo adotá-lo como seu(sua) Santo(a) de devoção.

_____
_____
_____
_____
_____
_____
_____
_____
_____

Para CONHECER e APRENDER ✝

No YouTube, pesquise o vídeo: "Católicos voltam para casa". Narrado em português, esse vídeo de quase três minutos apresenta um belíssimo testemunho sobre a Igreja e seu trabalho. A narrativa diz que a família cristã católica é constituída de todas as raças, idades e classes sociais diferenciadas, e que se difundiu pelos séculos e pelo mundo realizando ações de cuidados aos doentes, aos órfãos, aos pobres. A marca das ações é a caridade àqueles que precisam.

> Assim rezamos na Santa Missa:
> *"Faça de nós uma oferenda perfeita para alcançarmos a vida eterna com os vossos santos: a virgem Maria, mãe de Deus, os vossos apóstolos e mártires e todos os santos que não cessam de interceder por nós na Vossa presença."* (Oração Eucarística III)

» Após assisti-lo, complete as informações.

- Que ações concretas podemos dizer que nossa Igreja realiza em benefício da sociedade?

_____
_____
_____

- Qual a relação da nossa Igreja com a educação formal?

- De que maneira a nossa Igreja busca promover a dignidade da vida e das relações humanas e familiares?

- Em que momento nos unimos para rezar pelo mundo?

- Como podemos assumir o legado de Pedro e dar continuidade à edificação da Igreja?

- O nosso crer na Igreja se fundamenta na experiência individual e se estende a uma dimensão comunitária. Como a minha fé pessoal me torna apto a atuar no mundo agindo como cristão comprometido na busca de uma vida digna a todos?

- Com base no vídeo, se você precisasse fazer um texto para falar das ações de sua Igreja local, da sua comunidade, como as apresentaria? Aproveite o espaço e escreva o seu texto.

_____
_____
_____
_____
_____
_____
_____
_____
_____
_____
_____
_____

Igreja Católica Apostólica Romana: É como é designada a Igreja universal (que está presente no mundo todo), que tem sede em Roma e é conduzida pelo Papa, autoridade máxima, sinal de união de toda a Igreja.

Que tal pesquisar e colar aqui a foto do nosso Papa?

112

Em cada país há as Conferências Episcopais responsáveis por articular o trabalho pastoral das dioceses locais. No Brasil temos a Conferência Nacional dos Bispos do Brasil (CNBB).

Temos, ainda, os Regionais da CNBB, onde as dioceses ou arquidioceses são agrupadas, geralmente seguindo o limite territorial do Estado. Os Regionais são responsáveis por articular as ações da Igreja em determinada região, seguindo a realidade e as características próprias de cada localidade. No Brasil há 18 Regionais, como se pode ver no mapa a seguir:

> Que tal pesquisar e colar aqui a foto do Bispo Diocesano?

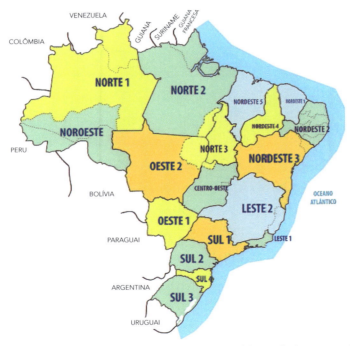

Fonte: disponível em: CNBB (https://www.cnbb.org.br/regionais/)

As Dioceses ou Arquidioceses: Chamadas também de "Igreja Particular", a diocese ou arquidiocese é formada por várias paróquias que têm como pastor responsável um Bispo ou Arcebispo. A diferença entre elas é que a arquidiocese é a sede da província formada por várias dioceses.

A diocese de Barretos, no interior de São Paulo, por exemplo, pertence à Província Eclesiástica de Ribeirão Preto, que é formada por oito dioceses (Ribeirão Preto, Jaboticabal, Franca, São João da Boa Vista, Barretos, São José do Rio Preto, Catanduva e Jales). Sendo assim, Ribeirão Preto é chamada de arquidiocese por ser a sede da Província que congrega as oito dioceses.

Paróquias: São formadas por um determinado território onde existe um padre (pároco) responsável pela comunidade, e que pode ser auxiliado por outros padres (vigários paroquiais). As paróquias podem ser divididas em comunidades e setores.

Que tal pesquisar e colar aqui a foto do padre responsável por sua paróquia?

A Igreja é riquíssima em história, e sua organização foi fundamental para cumprir sua missão de levar o Evangelho a todos os cantos. Quanto mais conhecermos nossa Igreja, mais iremos nos apaixonar por ela. Por isso sugerimos que comece conhecendo um pouco mais a paróquia à qual pertence. Busque pesquisar um pouco do histórico e da organização da paróquia, observando o mapa com o território paroquial e a divisão das comunidades e setores. Poderão, enquanto grupo de catequese, agendar uma visita ao Padre, criando, assim, laços com o presbítero.

28º Encontro — A celebração do Mistério Pascal

LEIA e MEDITE o texto de Lc 22,7-20.

Jesus, sabendo que estava chegando a sua hora de voltar para junto do Pai, de cumprir a sua missão, reúne os discípulos ao redor da mesa e ali institui a Eucaristia como memória de sua morte e de sua ressurreição.

Jesus antecipa a sua morte, aceita-a no seu íntimo e transforma-a numa ação de amor. A refeição, a ceia, que a princípio era a celebração da Páscoa judaica, se torna a *última ceia* na qual Cristo institui a Eucaristia, ao fazer do pão o Seu Corpo e do vinho o Seu Sangue. Com o rito de tomar o pão e o vinho, dar graças, partir e repartir, Jesus se perpetua entre os seus discípulos e os faz participantes de sua Páscoa.

A Eucaristia é, portanto, o memorial da morte e ressurreição do Senhor sob o sinal do pão e do vinho dados em refeição, em ação de graças e súplica. Mas o que é memória? Apenas o ato de lembrar? Muito mais que isso, é atualizar e estar presente, hoje, aos pés da cruz; é estar hoje no sepulcro vazio. Fazer memória é quebrar a lógica do tempo e do espaço ao vivenciar o único e eterno sacrifício que se realiza hoje em nossa história, a cada Celebração Eucarística.

> *"Para o Senhor, um dia é como mil anos, e mil anos como um dia"* (2Pd 3,8).

A última ceia torna-se sinal profético da morte e ressurreição de Jesus. Por isso, ao celebrarmos a Eucaristia não recordamos a última ceia, mas fazemos memória da paixão, morte e ressurreição de Jesus.

> *"Eis o mistério da fé!":* *"Anunciamos, Senhor, a vossa morte e proclamamos a vossa ressurreição. Vinde, Senhor Jesus!"*.

Cada Celebração Eucarística, além de fazer memória da Páscoa de Cristo, é antecipação da ceia que o Senhor celebrará com os redimidos no fim dos dias.

É hora de PENSAR e REGISTRAR o meu encontro

» O padre diz na missa: "Eis o mistério da fé". Que mistério é esse ao qual se refere?

_____
_____
_____
_____

» Por que Jesus disse para celebrar em sua memória. Qual a importância disso para nós cristãos?

_____
_____
_____
_____

Para CONHECER e APRENDER

"Fazei isto em memória de Mim"

Desde a criação do mundo e do pecado do homem, Deus propõe um Projeto de Salvação e se revela à humanidade. Propõe um caminho de arrependimento, reconhecimento, conversão e aliança.

Nesta trajetória, com o chamado de Abraão, Deus elege um povo como sinal de seu amor, mostrando sua paciência e fidelidade para com a humanidade que constantemente lhe volta as costas. O povo hebreu experimenta Deus e sua misericórdia em diversos momentos de sua história, quando então, escravo no Egito, faz a experiência da libertação. Deus, que escuta o clamor do seu povo, vê o seu sofrimento e se compadece, faz sair e atravessar a pé enxuto o mar, mas na sua passagem da escravidão para a libertação. Este momento tão importante e significativo na vida e na história de um povo não pode ser esquecido. É necessário fazer memória, não no sentido apenas de lembrar, mas de atualizar.

PARO, Thiago Faccini. *Celebrar e iniciar o mistério*: a liturgia. Brasília: Edições CNBB, 2019. Coleção Sendas, n. 13; p. 7-10.

Este evento, portanto, é vivido e atualizado a cada ano em um conjunto de ações, palavras e gestos: a Páscoa judaica!

Jesus era judeu, celebrava anualmente este acontecimento da libertação do povo de Israel da escravidão do Egito. Porém, em sua última ceia pascal, ao celebrá-la com os discípulos, Jesus dá um novo sentido ao rito e torna-o aprefiguração da nova libertação, da nova e eterna aliança: Paixão, Morte e Ressurreição. Nos ritos judaicos, experimentam a presença do Mistério Pascal de Cristo! Agora não mais a passagem do mar para libertar da escravidão do Egito, mas a passagem (Páscoa) da morte para a vida que liberta da escravidão do pecado.

Este evento tão importante, que só foi entendido pelos discípulos após a ressurreição do Senhor, não podia ser esquecido, pois o próprio Cristo havia deixado o mandato: "Fazei isto em memória de mim" (Lc 22,19). Para entender isso é preciso voltar para o que Jesus disse, fez e mandou fazer: "Mandou que se faça a mesma coisa que fez naquela ceia derradeira" (Oração Eucarística V).

- Tomou o pão/vinho (Preparação das oferendas)
- Deu graças (Prece Eucarística)
- Partiu e repartiu (Rito da Comunhão)

Neste sentido podemos perguntar: que mistério da fé é proclamado a cada celebração da Eucaristia – "Eis o mistério da fé!"? Essa pergunta pode facilmente ser respondida pela aclamação memorial reintroduzida pelo Concílio Ecumênico Vaticano II – "Anunciamos, Senhor, a vossa morte! Proclamamos a vossa ressurreição! Vinde, Senhor Jesus!" – que tem sua origem em 1 Coríntios 11,26.

O mistério da fé não é só acreditar que Jesus está presente nas espécies eucarísticas, é muito mais que isso; é ter a certeza de que Deus enviou seu Filho ao mundo, que se encarnou no seio de uma mulher, que se fez homem, morreu e ressuscitou para nos salvar e vai voltar em sua glória. Celebrar a Eucaristia não é recordar a última ceia, é estar hoje aos pés da cruz e no jardim da ressurreição. É fazer memória, atualizar o único e eterno sacrifício. "Eis o mistério da fé" é celebrar a Páscoa do Senhor!

Esse é o papel da liturgia... De origem grega, liturgia – LIT (povo, comunidade) + URGIA (serviço, obra, ação) – expressa a ação do povo e a ação em favor do povo. Neste sentido, o primeiro e maior liturgo é a Santíssima Trindade: Deus Pai com a criação; Deus Filho com a salvação; Deus Espírito Santo com a Santificação (cf. CIgC, n. 1069-1109). Essa ação da Trindade em favor da humanidade é a primeira e mais perfeita liturgia. Experimentar esse Deus que se inclina em favor da humanidade gera em nós também a liturgia, quando gratuitamente nos colocamos a serviço do outro.

Liturgia é também celebração. Celebrar é tornar célebre, importante, valorizar algum acontecimento. É uma necessidade humana, é expressar e aprofundar o sentido da existência. Podemos ver a importância de celebrar em um aniversário, quando proclamamos o sentido da vida; nos jogos olímpicos, a unidade e integração entre os povos; nas festas religiosas, alguém a olhar por nós.

A liturgia cristã nasce destas duas perspectivas: celebramos a ação de Deus em favor do seu povo, isto é, a obra salvífica de Deus, o Mistério Pascal, e celebramos a obra de Deus realizada em Cristo (sua paixão, morte, ressurreição e glorificação, que é o acontecimento central da nossa fé. É em torno desse acontecimento que, em algum lugar do mundo, neste exato momento, há uma comunidade reunida para celebrar, podendo ser para partir o pão na Eucaristia, para acolher os nascidos pela água do Batismo, para selar a união do matrimônio, para rezar a Liturgia das Horas, ou ainda, pelas exéquias, celebrar a Páscoa de um ente querido.

Liturgia significa que o povo de Deus toma parte na "obra de Deus", e pela liturgia, Cristo, nosso Redentor e Sumo Sacerdote, continua a obra de nossa redenção na Igreja, por ela e com ela. Na celebração litúrgica, a Igreja é serva à imagem do seu Senhor, o único "liturgo", participando do seu sacerdócio (culto) profético (anúncio) e régio (serviço da caridade). Assim, em nós e por nós, membros do seu Corpo, Cristo continua sua obra de santificação do ser humano e glorificação do Pai. Sua "liturgia" continua sendo "celebrada" de inúmeras maneiras, "mediante sinais sensíveis".

Portanto, liturgia é muito mais que um conjunto de ritos. Participar dela vai muito além de fazer uma leitura, ou levantar os braços e bater palmas. Liturgia é tornar célebre o mistério da nossa salvação, atualizando, fazendo sua memória, cumprindo o mandato de Jesus: "Fazei isto em memória de mim" (Lc 22,19).

➤ Sugestão de Leitura:

Sugerimos a leitura do IV capítulo do livro: PARO, Thiago Faccini. *Conhecer a FÉ que professamos*. Vozes: Petrópolis, 2017. p. 38-51.

29º Encontro — A comunicação litúrgica

LEIA e MEDITE o texto de Jo 13,4-17.

O gesto de Jesus de lavar os pés dos discípulos representava um serviço feito pelos escravos. Jesus assume esse serviço para mostrar aos seus discípulos que todos os que o seguem não devem buscar *status* e fama, poder ou dinheiro, mas devem colocar a própria vida em favor dos irmãos.

Gino Santa Maria/Shutterstock

Os seguidores de Jesus devem ser aqueles que servem, que se ocupam menos com o *status* e mais com o bem do próximo, com a convivência fraterna, com o trabalho em grupo. A humildade e simplicidade são exigências do Mestre. Jesus, o Mestre e Senhor, com este gesto, nos dá o exemplo. Sendo assim, a atitude de lavar os pés, vai muito além de simplesmente limpá-los, de um ato de higiene; quer simbolizar a adesão, a escolha, a aceitação ao Projeto de Deus. O ato de deixar-se lavar os pés, pode ser entendido também, numa dimensão batismal: para pertencer à nova realidade que Ele trouxe, só passando pelo banho do Batismo e, ao mesmo tempo, seguindo o seu exemplo de doação e entrega total.

Através do gesto de lavar os pés e dos objetos utilizados, Jesus queria comunicar algo a cada um de nós – neste caso, a importância de se colocar a serviço do próximo, da humildade, de olhar para o outro. E assim acontece em todas as celebrações litúrgicas. Através de gestos (ritos) e de objetos (símbolos e sinais), Jesus se comunica conosco, mostrando realidades que vão além das que estamos vendo.

É hora de PENSAR e REGISTRAR o meu encontro

» Por que a liturgia se utiliza de ritos e símbolos?

_____
_____
_____
_____

» Descreva alguns sinais, símbolos e gestos utilizados pela liturgia na celebração dos sacramentos que nos remetem a uma realidade além da que vemos.

_____
_____
_____
_____

Para CONHECER e APRENDER

Comunicação litúrgica: do visível ao invisível

Jesus era judeu, por isso celebrava anualmente a Páscoa judaica como memória da libertação do povo de Israel da escravidão do Egito. Porém, em sua última ceia pascal, ao celebrá-la com os discípulos, Jesus dá um novo sentido ao rito, não mais como libertação do Egito, mas agora como libertação total do pecado, da morte. Ele a torna a prefiguração da nova libertação, da nova e eterna aliança: sua Paixão, Morte e Ressurreição.

Com o gesto simbólico, na última ceia, em que usou pão e vinho, Jesus expressou, sua entrega total ao Pai, a realização da nova e eterna aliança e a vinda do Reino. Esse gesto entrou depois para a história. Pois cumprindo o seu mandato, os discípulos de Jesus continuaram e continuam a realizá-lo para fazer memória de seu Senhor, de sua morte e ressurreição. O GESTO VIROU "RITO".

Etimologicamente a palavra rito vem do latim *ritus*, que indica ordem estabelecida. Nesse sentido, rito é a ordem estabelecida ou prescrita por um grupo, trazendo harmonia e ritmo, fazendo com que a ação flua ordenadamente. Diferente das ações da vida e do comportamento cotidiano, rito faz referência a uma ação realizada em determinado tempo e espaço, no seio de uma religião ou de uma cultura. Foi o caso da última

PARO, Thiago Faccini. *Celebrar e iniciar o mistério*: a liturgia. Brasília: Edições CNBB, 2019. Coleção Sendas, n. 13; p. 11-14.

ceia celebrada por Jesus, uma ação diferente que marcou a vida dos discípulos. Quando repetida de maneira ordenada, ou seja, ritual, feita com arte e ritmo, que nos remetem ao evento originário e fundante: a Páscoa cristã, o mistério da nossa salvação.

Pensemos numa orquestra com vários instrumentos. Cada instrumentista tem uma partitura. Essa partitura não é a música, mas se tornará música a partir do momento em que cada instrumento for tocado, respeitando cada nota e o seu tempo. Do mesmo modo os ritos litúrgicos, descritos nos livros, só se tornarão liturgia à medida que forem executados, de maneira consciente, respeitando sua sequência e ritmo. Para isso, como numa orquestra, é preciso muito ensaio, é preciso distribuir com antecedência cada serviço e ministério, para que o rito flua de maneira ordenada e alcance a mente e o coração de cada fiel que ali celebra. O rito em sua dinâmica é, portanto, a linguagem própria da liturgia indispensável para expressar e experimentar a fé. Assim pode-se dizer que não existe rito sem Tradição e não existe liturgia sem ritualidade!

A liturgia, além de ser constituída por ritos, é formada também por símbolos. A palavra "símbolo" tem atualmente muitos usos e significados dentre as diversas ciências e ambientes. Em nossa reflexão interessa-nos o sentido antropológico atual: um sinal visível que evoca e traz presente uma realidade invisível.

Guto Godoy

O símbolo, portanto, em seu sentido antropológico é um conjunto de elementos sensíveis em que os homens, seguindo o dinamismo das imagens, captam significados que transcendem as realidades concretas.

O símbolo mais profundo e último da liturgia cristã é o próprio Cristo que se tornou humano, o Verbo encarnado. Nele, a Palavra, a realidade impalpável de Deus como fundamento primeiro do mundo, encarnou-se, de modo que pudéssemos sensivelmente contemplar a sua glória. Essa corporeidade de Deus continua presente na Igreja, na comunidade reunida pelo Espírito e sustentada pelo amor de Cristo. A liturgia por excelência, através dos seus ritos e símbolos, torna-se reveladora de sua presença em nosso meio. "Símbolos e ritos realizam o encontro com Deus, ajudam a perceber a presença do mistério divino em todas as coisas" (CNBB, 2017, n. 82).

A liturgia é, portanto, uma ação que se compõe de palavras – uma comunicação plena com uma linguagem mais intuitiva e afetiva, mais poética e gratuita – e de gestos, movimentos e símbolos. A liturgia é, então, uma celebração na qual prevalece a linguagem dos símbolos. Em cada símbolo e ação simbólica pode-se distinguir um gesto corporal, um sentido teológico e um sentimento, um afeto.

Assim, todas as celebrações cristãs têm um sentido e significado que vão muito além do momento da celebração. A partir do visível, ritos e símbolos, comunica-se uma realidade invisível escondida em cada gesto, ação, palavra ou elemento. Esse processo e dinâmica são estudados e explicados por vários autores que usam termos diversos, mas com o mesmo sentido e compreensão. Leonardo Boff (1975), por exemplo, refere-se ao imanente, transcendente e transparente. Imanente é o que se vê; é o que, a partir da ação ritual e da fé do fiel, se tornará transparente e revelará o transcendente, aquilo que não vê. Falando especificamente de um símbolo sacramental, podemos citar a Eucaristia como exemplo. O pão e o vinho são o que vejo (imanente); a ação ritual provoca uma reação no indivíduo, evocando uma realidade transcendente: vejo, então, o Corpo e o Sangue de Cristo. Esse processo provoca um encontro. O imanente, então, se torna transparente e revela o transcendente. É assim que a liturgia se comunica e revela o mistério de Cristo, o mistério da nossa Salvação.

30º Encontro — O Ano Litúrgico

LEIA e MEDITE o texto de Ecl 3,1-8.

Para o sábio de Eclesiastes, como ouvimos na leitura de hoje, o tempo é um suceder de momentos nos quais a vida acontece. É no tempo que nascemos e, depois de um tempo, morremos. No tempo plantamos e colhemos, brigamos e fazemos as pazes... A vida e a história obedecem a um suceder-se de durações e de momentos. O tempo é sempre neutro. De acordo com o uso que dele fazemos, passa a ter um sentido e um significado para nós, especialmente por meio de datas importantes, por exemplo: aniversários, Natal, Páscoa... Tudo acontece no tempo e nada se faz fora dele.

A liturgia dá sentido ao tempo. Tempo este que, para muitos, pode ser um suceder de dias, horas e minutos (cronológico), mas que para nós cristãos é um tempo de graça, favorável (kairótico), em que a Igreja, Corpo Místico de Cristo, faz memória de sua salvação e encontra-se com Deus. Sendo assim, no decorrer dos séculos, guiada pelo Espírito Santo, a Igreja se organizou para que os fiéis celebrassem e vivessem da melhor maneira sua fé no Cristo Ressuscitado. Para isso, criou seu próprio calendário chamado de *Ano Litúrgico*, cujo fundamento e base se encontra no mistério da Páscoa de Jesus.

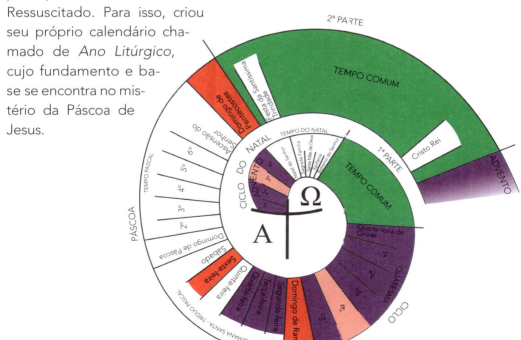

É hora de PENSAR e REGISTRAR o meu encontro

» Por que a Igreja tem seu próprio calendário?

_____
_____
_____
_____
_____

» Como podemos viver a espiritualidade de cada Tempo Litúrgico?

_____
_____
_____
_____
_____

Para CONHECER e APRENDER

A dinâmica do calendário litúrgico

O calendário litúrgico não é circular (círculo fechado), mas um espiral ascendente no qual, a cada ano, a Igreja celebra o mistério da nossa salvação "nos seus diversos aspectos, não para repetir, mas para crescer até a manifestação gloriosa do Senhor com todos os eleitos" (BERGAMINI apud SARTORE; TRIACCA, 1992, p. 61). Assim, apesar de todos os anos o calendário litúrgico se repetir, nós não somos os mesmos, amadurecemos, mudamos, pois cada celebração ouvindo a Palavra de Deus, rezando em comunidade, meditando os mistérios da nossa salvação e comungando do Corpo e Sangue do Senhor nos tornamos melhores e, a cada ano celebrado, subimos um degrau. Não é mais um Ano Litúrgico, não é celebrar de novo mais um Advento ou Natal, Quaresma ou Páscoa. São tempos únicos que não se repetem simplesmente, pois somos novas pessoas a cada ciclo do ano litúrgico; somos levados para o alto, para o céu, a cada celebração experimentada. Somos preparados e conduzidos a Jerusalém celeste. Assim, o calendário da Igreja não é um círculo fechado, mas um espiral cujo fundamento é Cristo, que se irradia a cada celebração e nos leva para o alto. Ano após ano subimos um degrau, até a celebração definitiva junto do Pai, na Jerusalém celeste, no Reino preparado para cada um de nós.

ARNOSO, Rodrigo; PARO, Thiago Faccini. *Conhecer o ano litúrgico que vivenciamos.* Petrópolis: Vozes, 2020.

Desta maneira, a repetição nos faz a cada ano celebrado compreender aspectos diferentes do mistério da salvação que celebramos. A cada novo ano, temos a oportunidade de bebermos desta fonte inesgotável que é o Ano Litúrgico.

Conhecer a espiritualidade de cada tempo litúrgico, meditar cada leitura e oração proposta pela liturgia, sem dúvida nos fará experimentar o tempo de Deus, nos preparando e nos levando cada vez mais para o alto, para a pátria celeste.

O Ano Litúrgico, portanto, é um poderoso instrumento oferecido pela Igreja que deve ser conhecido e valorizado.

O Ano Litúrgico é composto por dois grandes ciclos, Natal e Páscoa, e por um longo período de 33 ou 34 semanas, chamado de Tempo Comum.

CICLO DO NATAL

O Ano Litúrgico da Igreja não coincide com o ano civil. Ele tem início com o Advento, período de alegre espera, de esperança, de preparação para a chegada de Cristo que vem no Natal e de seu retorno, sua segunda vinda. Após as quatro semanas do Advento celebramos, no Natal, o mistério da encarnação e do nascimento de Jesus. O Verbo se faz carne e vem habitar entre nós.

No domingo depois do Natal celebramos a festa da Sagrada Família e a Solenidade de Maria Mãe de Deus em 1º de janeiro; no domingo seguinte, celebramos a Epifania, onde Jesus se manifesta às nações como o Filho de Deus.

O ciclo do Natal se encerra com a celebração do Batismo do Senhor, que marca o início da missão de Jesus que culminará com a Páscoa.

CICLO DA PÁSCOA

O ciclo da Páscoa começa com a celebração da Quarta-Feira de Cinzas. Iniciamos então a Quaresma. São quarenta dias nos quais a Igreja nos convida de uma forma especial à prática da caridade, penitência, oração, jejum e, principalmente, conversão. Durante a Quaresma não se canta "aleluias" nem o hino de louvor, evitando-se também ornamentar a igreja com flores. A Conferência Nacional dos Bispos do Brasil (CNBB) propõe a cada ano, durante este período, uma vivência concreta de gestos de fraternidade em torno de um tema comum. É a chamada Campanha da Fraternidade. A Quaresma, assim, se reveste de um significado atual dentro de um convite à reflexão e prática do amor fraterno.

Ao final da Quaresma inicia-se a Semana Santa, que vai desde o Domingo de Ramos em que celebramos a entrada triunfal de Jesus em Jerusalém, anunciando a proximidade da Páscoa, até o Domingo de Páscoa.

De quinta a sábado celebramos o Tríduo Pascal. A liturgia nos propõe que na quinta-feira pela manhã se celebre a missa dos santos óleos, onde nossos presbíteros (padres) unidos ao Bispo fazem a renovação do seu compromisso assumido no dia de sua ordenação. Na ocasião também são abençoados os óleos dos enfermos e dos catecúmenos, e consagrado o óleo do Santo Crisma (em algumas dioceses essa celebração por questão pastoral é realizada na quarta-feira à noite). A Quinta-Feira Santa é o dia em que recordamos a instituição da Eucaristia. A Sexta-Feira Santa é o único dia do ano em que não celebramos os sacramentos, mas a Paixão e Morte de Jesus. No Sábado Santo é o dia da Vigília Pascal, a vigília mais importante, na qual celebramos a Ressurreição do Senhor.

Cinquenta dias após a Páscoa celebramos o Pentecostes, que assinala o início da missão da Igreja iluminada pela presença vivificadora do Espírito Santo. No domingo anterior ao domingo de Pentecostes, a liturgia celebra a festa da Santíssima Trindade.

TEMPO COMUM

Após celebrarmos o Batismo do Senhor iniciamos o chamado Tempo Comum, que é constituído por 33 ou 34 semanas, divididos em duas partes. A primeira parte do Tempo Comum se inicia no dia seguinte à celebração da Festa do Batismo do Senhor e se estende até a terça-feira anterior à Quarta-Feira de Cinzas, quando é interrompida e dá lugar ao Ciclo da Páscoa. A segunda parte se inicia na segunda-feira após o domingo de Pentecostes e se estende até o sábado anterior ao primeiro domingo do Advento.

É um tempo destinado ao acolhimento da Boa Nova do Reino de Deus anunciado por Jesus.

Alguns domingos do Tempo Comum poderão ceder lugar a solenidades – o 1º domingo do Tempo Comum, por exemplo, cede lugar à Festa do Batismo do Senhor, e outros domingos do Tempo Comum dão lugar à Festa de Pentecostes, à solenidade da Santíssima Trindade, de São Pedro e São Paulo, da Assunção de Nossa Senhora, de Todos os Santos e de Nosso Senhor Jesus Cristo Rei do Universo.

Quando isso ocorre, a cor litúrgica do Tempo Comum também é modificada para identificar o fato/o momento/o acontecimento que está sendo celebrado.

O calendário litúrgico distingue as celebrações ao longo do ano, segundo sua importância, em: Solenidades, Festas e Memórias, podendo ser obrigatórias ou facultativas.

 Solenidades

Constituem os dias e as celebrações mais importantes para a Igreja e sua liturgia. As solenidades iniciam-se com o pôr do sol do dia precedente (Primeiras Vésperas), ou seja, já se celebra na noite que antecede a liturgia própria do dia. Um exemplo é a Solenidade de Santa Maria Mãe de Deus, que ocorre no dia 1º de janeiro, mas que já é celebrada na noite do dia 31 de dezembro. Em algumas solenidades são previstas celebrações de vigília e missa da noite, além de celebrações da aurora e do dia, como acontece com o Natal. Todas as celebrações que ocorrem como solenidade têm orações, leituras e cantos próprios ou retirados do chamado Comum, que são formulários nos quais constam várias missas com suas antífonas e orações. Exemplos de formulários Comuns: Comum de Nossa Senhora; dos Mártires; Santos e Santas; Dedicação de uma Igreja... (cf. Normas Universais sobre o Ano Litúrgico e o Calendário (NALC), n. 11).

 Festas

São celebrações importantes que ocorrem "nos limites do dia natural; por isso não têm Primeiras Vésperas, a não ser que se trate de festas do Senhor que ocorrem nos domingos do Tempo Comum e do Tempo do Natal, cujo Ofício substituem" (NALC, n. 13). As festas, inúmeras e variadas, são celebradas sobretudo no Tempo Comum, desvinculadas dos ciclos do Natal e Páscoa. Em sua maioria, memórias da Virgem Maria e dos Santos. Estas celebrações têm orações, leituras e cantos próprios ou do Comum.

 Memórias

São celebrações em que lembramos a vida e a missão de um santo ou mártir. Suas celebrações se harmonizam com as celebrações do dia de semana ocorrente, utilizando as leituras próprias dele (cf. NALC, n. 14). As memórias podem ser obrigatórias ou facultativas: as obrigatórias necessariamente devem ser celebradas por todas as comunidades e as facultativas ficam a critério da comunidade, podendo ser omitidas.

"Nos sábados do Tempo Comum, não ocorrendo memória obrigatória, pode-se celebrar a memória facultativa da Santa Virgem Maria" (cf. NALC, n. 15). Nos dias de semana da Quaresma e nos dias 17 a 24 de dezembro, as memórias obrigatórias podem ser como memórias facultativas, sendo chamadas, neste caso, simplesmente de comemorações. A Celebração de Finados, por não ter um caráter específico de solenidade, festa ou memória, é chamada de "comemoração de todos os fiéis defuntos", e ocorre no dia 2 de novembro, mesmo quando cai em um domingo.

 Por que as cores se modificam nas celebrações?

As cores litúrgicas usadas nas celebrações se modificam para identificar o fato e o tempo do Ano Litúrgico que estamos vivendo. Cada uma delas tem um significado para a liturgia:

▶ **Roxo:** É a cor da penitência. É uma cor forte, que nos leva a refletir, a pensar sobre as mudanças de vida que desejamos fazer. É usado no Tempo do Advento e da Quaresma, e ainda pode ser usada nos ofícios e nas missas dos fiéis defuntos.

▷ **Branco:** Sinal de festa, pureza, alegria. Expressa sempre a cor da vitória da Luz sobre as trevas, da Vida sobre a morte, além de se referir à cor da roupa dos batizados que lavaram e alvejaram suas roupas em Cristo (Ap. 7,13-14). É a cor usada no Tempo do Natal e no Tempo Pascal, nas festas do Senhor, de Nossa Senhora, dos anjos e dos santos não mártires. Em dias mais solenes podem ser usadas cores similares ao branco: cinza, pastel, bege, palha, prata, dourado.

▶ **Verde:** É a cor da esperança, natureza, referência à esperança da segunda vinda de Jesus. É usada em todo o Tempo Comum, tempo de espera sem grandes acontecimentos.

▶ **Vermelho:** O vermelho aparece sempre relacionado ao fogo do Espírito Santo e ao sangue dos mártires. Usado no Domingo de Ramos e na sexta-feira da Semana Santa, em Pentecostes e nas festas dos apóstolos e dos santos mártires.

▷ **Rosa:** É um preanuncio da alegria, simboliza que a festa se aproxima. Pode ser usado no 3º domingo do Advento e 4º domingo da Quaresma.

➤ **Sugestão de Leitura:**

Primeiro capítulo do livro *Guia litúrgico-pastoral*, publicado pelas Edições CNBB (2017, p. 15-30).

31º Encontro — A Eucaristia: fonte e ápice de toda a vida cristã

LEIA e MEDITE o texto de 1Cor 11,17-34.

Paulo, dirigindo-se à comunidade de Corinto, faz uma exortação chamando-lhe à atenção pelo egoísmo e individualismo com que celebravam a Eucaristia. Nesta época cada um trazia o pão de casa e, após todos ouvirem a Palavra e a bênção, cada um comia o seu pão, deixando os pobres, os que não tinham o que levar, constrangidos por não fazer a partilha. Paulo então deixa claro que comungar indignamente é não reconhecer a comunidade, é comungar e voltar para casa sem colocar os dons e talentos a serviço da Igreja, é viver o individualismo da fé. Ao expressar isso, Paulo justifica que todas as vezes que nos reunimos enquanto comunidade, enquanto Igreja, para celebrar o Sacramento da Eucaristia, fazemos memória da paixão, morte e ressurreição do Senhor que se doou, que partilhou a sua vida conosco, que se entregou totalmente por amor a nós, ao próximo.

> "Pelo Batismo passamos de 'ameaçados filhos humanos' a 'protegidos filhos de Deus'; através da Confirmação, passamos de 'pessoas que procuram' a 'pessoas decididas'; mediante a Confissão passamos de 'culpados' a 'reconciliados'; pela Eucaristia passamos de 'famintos' a 'pão para os outros'; no Matrimônio e na Ordem passamos de 'individualistas' a 'servos do amor'; através da Unção dos Enfermos passamos de 'desesperados' a 'pessoas confiantes'. Em todos os sacramentos, o SACRAMENTO é o próprio Cristo. N'Ele crescemos da inutilidade do egoísmo para a verdadeira Vida, que não mais se acaba" (Youcat, 173).

A Eucaristia é Sacramento, a fonte e ápice de toda a vida cristã, pois é símbolo da entrega, da doação, do amor, do serviço. A Eucaristia contém todo o bem espiritual da Igreja: o próprio Cristo, nossa Páscoa.

Romolo Picoli Ronchetti

É hora de PENSAR e REGISTRAR o meu encontro

>> Escreva no diagrama o nome de cada um dos sete sacramentos da Igreja de acordo com o grupo ao qual pertencem:

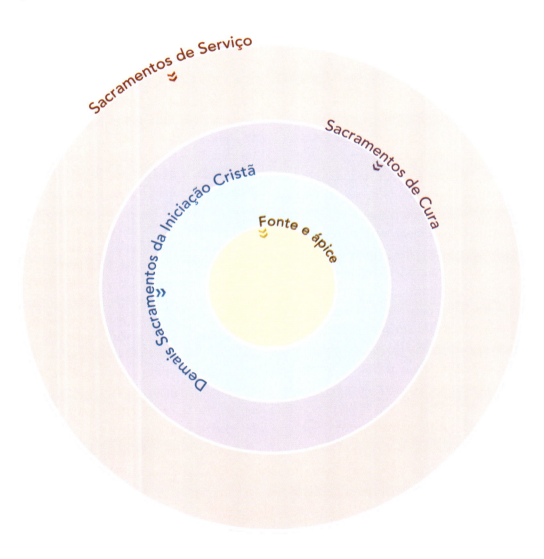

» Coloque na sequência ritual as ações que constituem a Celebração Eucarística que estão descritas na coluna ao lado:

I. Ritos iniciais
- Sinal da cruz
- Saudação inicial
- Ato penitencial
- Hino de louvor (domingos, festas e solenidades)
- Oração do dia

II. Liturgia da Palavra
- 1ª leitura
- Salmo
- 2ª leitura (domingos, festas e solenidades)
- Aclamação ao Evangelho
- Evangelho
- Homilia
- Profissão de Fé (domingos, festas e solenidades)
- Oração dos fiéis

III. Liturgia Eucarística
- Preparação das oferendas
- Oração Eucarística
- Pai-nosso
- Ósculo da paz
- Fração do Pão
- Comunhão
- Oremos pós-comunhão

IV. Ritos finais
- Bênção final

Para CONHECER e APRENDER

Os sete sacramentos da Igreja

Deus enviou seu Filho Jesus ao mundo para que pudesse cumprir seu Plano de Salvação à humanidade. Jesus foi obediente ao Projeto do Pai: anunciou e mostrou o caminho aos homens, cumprindo sua missão a ponto de morrer na cruz por amor a todos nós. No terceiro dia ressuscitou, aparecendo aos discípulos para lhes deixar a missão de continuar o Projeto do Pai. Subiu, então, aos céus para junto do Pai e, mesmo ausente após sua ascensão, prometeu estar todos os dias com seus discípulos.

Jesus se faz presente todos os dias em nosso meio de uma maneira sacramental, ou seja, a Igreja se torna presença visível do próprio Cristo. Sacramento é um sinal visível de uma ausência. Ao olharmos e participarmos da Igreja, especialmente ao celebrarmos os sacramentos, Jesus se faz presente no meio do seu povo, coerente com o que nos recorda também a passagem do Evangelho de Mateus 18,20: "Onde dois ou três estiverem reunidos em meu nome, eu estarei ali no meio deles".

A Igreja é, portanto, a responsável por reunir homens e mulheres, por transmitir a fé, e testemunhar e revelar esse Deus que caminha com o seu povo. Diz-nos o Catecismo da Igreja Católica, n. 780: "A Igreja é no mundo presente o sacramento da salvação, o sinal e o instrumento da comunhão de Deus e dos homens".

A Igreja, sacramento de salvação, continua a Obra de Cristo com a Palavra e os sacramentos.

Os sacramentos são a maneira, por excelência, pela qual podemos tocar a Deus e nos deixar tocar por Ele. Nos sacramentos, o Espírito Santo age em nós. Podemos e devemos chegar a Deus com todos os nossos sentidos, e não só com a inteligência. Quais são os nossos sentidos? Temos cinco sentidos, ou seja, maneiras diferentes de interagir com o ambiente e com as pessoas e perceber o que está ao nosso redor.

Através da visão, audição, paladar, tato e olfato, Deus se dá a nós nos sinais terrenos: pão, vinho, óleo, palavras, unções, imposição das mãos...

As pessoas viram, ouviram e puderam tocar Jesus experimentando com isso a cura e a salvação do corpo e do espírito. Os sinais sensíveis (os sacramentos) mostram esta maneira de Deus agir na totalidade do ser humano. Quando escutamos a pregação do Evangelho e nos convertemos, vemos a necessidade de mudança em nós, de dar um passo nesta direção; os sacramentos se tornam esse passo concreto.

Jesus, portanto, institui sete sacramentos, sete sinais sensíveis, sete maneiras de Deus nos tocar e de nos deixarmos tocar por Ele ao longo de toda a nossa caminhada cristã. Os sete sacramentos foram instituídos e deixados pelo próprio Cristo como sinais de sua presença.

Ao longo de toda a nossa caminhada cristã, Jesus nos assiste com os seus sacramentos. Eles atingem todas as etapas e os momentos mais importantes da vida do cristão: dão à vida de fé origem e crescimento, cura e missão (cf. CIgC, n. 1210). "São sinais eficazes da graça, instituídos por Cristo e confiados à Igreja, por meio dos quais nos é dispensada a vida divina. Os ritos visíveis sob os quais os sacramentos são celebrados significam e realizam as graças próprias de cada sacramento. Produzem fruto naqueles que os recebem com as disposições exigidas" (CIgC, n. 1131).

Os sacramentos podem ser divididos em três grupos:

Batismo, Crisma e Eucaristia: Chamados de SACRAMENTOS DA INICIAÇÃO CRISTÃ, neles são lançados os fundamentos de toda a vida cristã. Neles, o homem recebe a vida nova de Cristo.

Penitência e Unção dos Enfermos: Chamados de SACRAMENTOS DE CURA, pois o homem, frágil e habitante ainda deste mundo, está sujeito à dor e ao sofrimento, à doença e a morte. A nova vida de filhos de Deus pode se tonar ameaçada pelo pecado. Cristo é o médico de nossas almas e de nossos corpos, e a Igreja continua nesses sacramentos sua obra de cura e salvação.

Matrimônio e Ordem: Chamados de SACRAMENTOS DO SERVIÇO DA COMUNHÃO, "estão ordenados à salvação de outrem. Se contribuem também para a salvação pessoal, isso acontece por meio do serviço aos outros. Conferem uma missão particular na Igreja e servem para a edificação do Povo de Deus" (CIgC, n. 1534).

Quando decidimos seguir Jesus e aceitamos o seu Projeto de Salvação, Deus não nos abandona. Ele nos assiste e nos acompanha durante toda a nossa caminhada terrena. Os sacramentos são uma maneira visível e palpável de sentir sua presença e de caminhar com Ele. Os sacramentos nos fortalecem nesta jornada, marcando toda a nossa vida.

32º Encontro — Convocados pela Trindade

L<small>EIA</small> e MEDITE o texto de 2Cor 13,11-13.

Deus está sempre conosco, nunca nos abandona e sempre nos convida a estar com Ele. As celebrações litúrgicas são um momento por excelência de encontro, de diálogo, de experienciar o amor e a compaixão que Deus dedica a cada um de nós. A iniciativa nunca é nossa, é sempre de Deus, que nos convoca a irmos ao seu encontro.

A graça de Deus já começa a agir em nós a partir do momento que decidimos ir ao seu encontro, principalmente para participar da santa missa.

Uma das saudações que faz quem preside, após o sinal da cruz, é:

Luis Henrique Alves Pinto

> *A graça de Nosso Senhor Jesus Cristo,*
> *O amor do Pai*
> *E a comunhão do Espírito Santo*
> *Estejam convosco.*

Saudação inspirada na passagem da Escritura que foi proclamada no encontro de catequese (2Cor 13,13). Não é uma saudação qualquer, como bom-dia ou boa-noite, mas é a saudação do próprio Cristo, é um desejo de P<small>AZ</small>! A paz é a maior graça que só Deus pode nos dar.

134

É hora de PENSAR e REGISTRAR o meu encontro

» Para que servem os ritos iniciais da Celebração Eucarística e quais atitudes devemos ter para bem participar de cada ação?

_____
_____
_____
_____
_____
_____

» Na Liturgia da Palavra, após ouvirmos o que Deus nos diz, respondemos a Ele de que forma? Quais ritos compreendem nossa resposta?

_____
_____
_____
_____
_____
_____
_____
_____
_____

» O que é o ambão? Para que serve?

_____
_____
_____
_____
_____
_____
_____

» Como se chamam os livros litúrgicos que contêm os textos bíblicos proclamados durante a santa missa?

_____
_____
_____

Para CONHECER e APRENDER

Os ritos iniciais e a Liturgia da Palavra da Celebração Eucarística

Quando se inicia a celebração da santa missa?

Para bem participar de cada celebração é importante compreender o sentido e significado teológico de cada rito e símbolo que compõe a missa, celebração que se inicia a partir do momento em que nos dispomos a sair de casa para celebrar. Sim, quando dizemos "eu vou à missa", já se inicia a nossa celebração.

Essa decisão é uma resposta ao chamado que Deus nos faz, pois é sempre Dele a inciativa de vir ao nosso encontro, de nos chamar e convidar a segui--lo. Os sinos que tocam antes de cada culto nos lembram que é Deus quem convoca seu povo à oração. A oração de bênção de um novo sino diz: "Fazei que todos os vossos fiéis, ao ouvirem a voz do sino, elevem para o alto os seus corações, participem da alegria e da tristeza dos irmãos, apressem-se até a casa de Deus, onde sintam a presença de Cristo, ouçam a vossa palavra e vos dirijam as suas súplicas" (RITUAL DE BÊNÇÃOS, n. 1046). Os sinos são o irromper do tempo de Deus no tempo dos homens, e é através deles que a comunidade expressa seus sentimentos de alegria e tristeza.

Ao entrar na igreja, devemos sempre nos colocar em oração e no silêncio nos preparar para a celebração, pois, ao atravessar a porta, acessamos a um lugar sagrado. A porta principal da igreja nos remete a Cristo, porta das ovelhas, como nos recorda o Evangelho de Jo 10,7. Ainda, é a porta que revela e conduz ao Pai, pois "ninguém conhece o Filho, senão o Pai; e ninguém conhece o Pai, senão o Filho, e aquele a quem o Filho o quiser revelar. Vinde a mim, todos os que estais cansados e oprimidos, e eu vos aliviarei" (Mt 11,27). Sim, por essa porta, Cristo, entrarão os que estiverem cansados e oprimidos, e na comunidade deverão encontrar alívio.

Assim, no espaço sagrado, a comunidade agora reunida dá início à celebração do mistério da sua salvação com o rito, no qual quem preside, juntamente com alguns ministros, acólitos e coroinhas, entra pelo corredor central da igreja e vai até o altar. Esse rito, acompanhado muitas vezes de um cântico, é simbólico, e representa todos os fiéis que saíram de suas casas e vieram ao encontro da Trindade. Sim, o canto não é para o padre entrar nem para acolhê-lo, mas sim para iniciar a santa missa. E como não é possível toda a comunidade entrar de uma vez no espaço celebrativo, quem preside adentra a igreja juntamente com um grupo de fiéis, representando todos os que ali estão reunidos. Portanto, é errôneo dizer: "fiquemos de pé para acolher o celebrante e seus auxiliares", ou comentários semelhantes.

A saudação ao altar, que é Cristo

A procissão inicial encerra-se com a reverência e o beijo no altar dado por quem preside e pelos concelebrantes, se houver (Bispos, padres e diáconos). Com esses gestos, a Sagrada Liturgia revela o mistério da nossa fé, da nossa crença, escondido nos elementos que a compõem – neste caso, o altar. Diante disso podemos nos perguntar o porquê da reverência e do beijo ao altar. O que significam?

A reverência e o beijo são formas de saudar e cumprimentar uma pessoa. Em diversas culturas encontramos esses costumes. No Japão, as saudações se dão normalmente curvando a coluna e inclinando a cabeça. Já entre os árabes, o cumprimento normal entre dois amigos homens é a troca de beijos nas faces. O beijo no rosto entre familiares e amigos também é comum na Itália, França, Argentina e aqui no Brasil. Mas a quem saudamos na liturgia com a vênia (inclinação) e o beijo? Por que fazemos isso ao altar?

O altar, desde o início do cristianismo, foi identificado pelos Santos Padres como uma pessoa, Cristo. O prefácio da Páscoa, n. V, diz: "Pela oblação de seu corpo, pregado na Cruz, levou à plenitude os sacrifícios antigos. Confiante, entregou em vossas mãos seu espírito, cumprindo inteiramente vossa santa vontade, revelando-se, ao mesmo tempo, sacerdote, altar e cordeiro".

O altar cristão por sua natureza é a mesa própria para o sacrifício e o banquete pascal; mesa onde o sacrifício da cruz se perpetua até a vinda de Cristo. Mesa onde os filhos da Igreja se congregam para dar graças e para receber o Corpo e Sangue de Cristo. Ao altar reverenciamos com a vênia e com o beijo, pois ele é símbolo eminente de Cristo.

Os ritos iniciais da Celebração Eucarística

Feita a saudação inicial pelo presidente da celebração e a monição (pequeno comentário sobre o sentido da celebração), com o intuito de preparar e ajudar os fiéis a melhor celebrarem, somos convidados pela liturgia a reconhecer nossos erros e implorar o perdão e a misericórdia do Senhor. É o momento designado "Ato Penitencial".

Este rito é aberto por quem preside com uma exortação à conversão, por exemplo: "*Reconheçamos nossas culpas para celebrarmos dignamente os santos mistérios*"; "O Senhor Jesus, que nos convida à mesa da Palavra e da Eucaristia, nos chama à conversão. Reconheçamos ser pecadores e invoquemos com confiança a misericórdia do Pai". Um momento de silêncio é observado após a exortação, para que a assembleia reunida possa reconhecer a constante necessidade de conversão. Em seguida os fiéis expressam e manifestam o desejo de conversão, reconhecendo suas limitações e fragilidades e implorando o perdão e a misericórdia do Senhor. O Missal Romano nos apresenta 48 modelos de aclamações penitenciais.

O Ato Penitencial não é para ficarmos elencando pecados, para isso existe o Sacramento da Reconciliação, mas é a oportunidade de reconhecermos nossa pequenez diante de Deus e a necessidade da sua graça e misericórdia. A história do surgimento deste rito nos ajuda a compreender melhor o seu sentido. Nos primeiros séculos, quando a Igreja ainda era perseguida, os imperadores tinham o *status* de deuses e, ao adentrarem as cidades montados em seus cavalos, as viúvas e os órfãos, pessoas excluídas e que passavam necessidades, se prostravam aos pés do imperador e clamavam: *Kyrie eleison* – "Senhor, tende piedade de nós". Com a conversão do imperador romano, os Bispos tornam-se representantes de Deus, por isso, ao adentrarem as igrejas, os fiéis diziam *Kyrie eleison*.

O Ato Penitencial é, portanto, o momento de nos reconhecermos indignos, pecadores e necessitados da misericórdia divina, é o momento e de tirarmos as sandálias por estarmos diante de Deus, pisando num lugar santo (cf. Ex 3,5). Só depois disso é que podemos escutar a sua Palavra e participar do seu evento salvífico; só impregnados da espantosa misericórdia de Deus é que podemos exultar de entusiasmo e alegria pela salvação Dele a nós oferecida e celebrada.

Encerrado o Ato Penitencial, é cantado ou recitado nas celebrações dominicais (exceto no Tempo do Advento e da Quaresma), nas solenidades, festas e celebrações especiais mais solenes o Glória a Deus nas alturas, "um hino antiquíssimo e venerável, pelo qual a Igreja congregada no Espírito santo glorifica a Deus Pai e ao Cordeiro" (IGMR, n. 53).

Este hino é um cântico de louvor que remonta aos primeiros séculos do cristianismo. Ele canta a glória do Pai e do Filho e pode ser dividido em três partes:

> **a) O canto dos anjos na noite do nascimento de Cristo:** "*Glória a Deus nas alturas e paz na terra aos homens por Ele amados*".
>
> **b) Os louvores a Deus Pai:** "*Senhor Deus, rei dos céus, Deus Pai Todo-Poderoso, nós vos louvamos, nós vos bendizemos, nós vos adoramos, nós vos glorificamos, nós vos damos graça por vossa imensa glória*".
>
> **c) Os louvores seguidos de súplicas e aclamações a Cristo:** "*Senhor Jesus Cristo, Filho Unigênito, Senhor Deus, Cordeiro de Deus, Filho de Deus Pai. Vós que tirais o pecado do mundo, tende piedade de nós. Vós que tirais o pecado do mundo, acolhei a nossa súplica. Vós que estais à direita do Pai, tende piedade de nós. Só vós sois o Santo, só vós o Senhor, só vós o Altíssimo Jesus Cristo*".

Apesar de iniciar com as palavras dos anjos que saudaram o nascimento de Jesus na anunciação aos pastores (cf. Lc 2,14), este é um hino pascal. Jesus Cristo é aclamado como Cordeiro de Deus imolado e presente na glória, ao qual se pede piedade, e concluído por uma profissão de fé: "Só vós sois o Santo…". "O texto deste hino não pode ser substituído por outro" (IGMR, n. 53).

Em seguida, quem preside convida toda a assembleia a rezar: "Oremos!". Em silêncio, os fiéis formulam interiormente a Deus seus pedidos e preces. "Depois o sacerdote diz a oração que se costuma chamar 'coleta', pela qual se exprime a índole da celebração. Conforme antiga Tradição da Igreja, a oração costuma ser dirigida a Deus Pai, por Cristo, no Espírito Santo e por uma conclusão trinitária […] O povo, unindo-se à súplica, faz sua a oração pela aclamação *Amém*" (IGMR, n. 54).

A oração do dia, chamada também de "coleta", é constituída por estrutura que consta de uma invocação, memória, súplica e conclusão, como pode ser visto na oração do 25º domingo do Tempo Comum: "Ó Pai (invocação), que resumistes toda a lei no amor a Deus e ao próximo (memória), fazei que, observando o vosso mandamento, consigamos chegar um dia à vida eterna (súplica). Por Nosso Senhor Jesus…" (conclusão). Diz a Tradição que, neste momento, os anjos recolhem todos os pedidos feitos e levam diretamente a Deus.

A Liturgia da Palavra

Na Sagrada Liturgia, o próprio Deus nos reúne para, através de um diálogo amoroso, nos comunicar a Boa Notícia que nos orienta, nos liberta e dá vida. Diálogo este evidenciado na Liturgia da Palavra, quando são lidas e explicadas as Sagradas Escrituras. O Concílio Vaticano II afirma que "a Igreja sempre venerou as Escrituras, como também o próprio corpo do Senhor, sobretudo na sagrada liturgia, nunca deixou de tomar e distribuir aos fiéis, da mesa tanto da Palavra de Deus como do Corpo de Cristo, o pão da vida" (DV, n. 21).

A Liturgia da Palavra inicia-se com um discurso descendente, ou seja, Deus, por meio do leitor, fala ao seu povo através de: 1ª leitura, salmo responsorial, 2ª leitura, aclamação ao Evangelho, Evangelho e homilia. Enquanto Deus fala, nós somos os ouvidos que ouvem atentos a Sua voz. Ouvir significa estar consciente, significa meditar e guardar algo no coração, fazendo-o germinar e crescer. São Jerônimo (†420) dizia: "Quando participamos da Eucaristia, tomamos cuidado para que nem uma migalha se perca. Quando ouvimos a Palavra de Deus, quando a Palavra de Deus é dada aos nossos ouvidos e nós, então, ficamos pensando em outras coisas, que cuidado tomamos? Leiamos, pois, as Santas Escrituras! Dia e noite cavemos cada sílaba. Alimentemo-nos da carne de Cristo, não somente na Eucaristia, mas na leitura das Escrituras". Neste sentido, os leitores são a boca de Deus, responsáveis em distribuir a Palavra.

Conscientes da Palavra, nós que o ouvimos respondemos com um discurso ascendente, suplicando e pedindo por meio do Símbolo da Fé (Credo) e da prece dos fiéis. De pé, renovamos o nosso compromisso de pautar nossa vida na Palavra do Senhor, aguardando a plena realização do seu Reino. Ainda, suplicando e pedindo, apresentamos nossas necessidades, angústias, dores e desejos, expressando também a nossa esperança e o clamor de tantas pessoas que confiam e esperam em Deus.

Esta dinâmica poderá ser mais bem compreendida pelo gráfico que ilustra esse texto. Ele exprime a relação entre Deus que chama através da sua Palavra e o homem que responde, sabendo claramente que não se trata de um encontro de dois contraentes iguais. Deus, por meio do seu amor, torna-nos verdadeiros parceiros, capazes de escutar e responder à Palavra divina, então, por graça, somos verdadeiramente chamados a configurar-nos com Cristo, e a ser transformados Nele (VD 22).

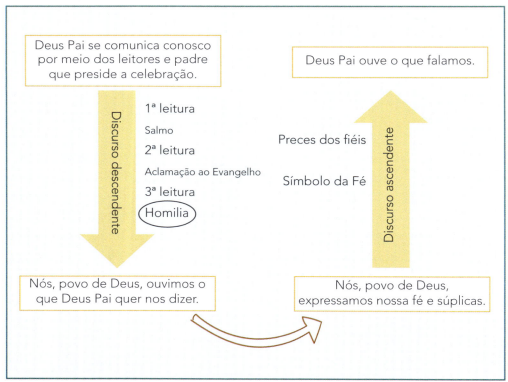

As leituras bíblicas proclamadas em cada Celebração Eucarística, ou seja, o elenco de leituras da Liturgia da Palavra, são determinadas pelo calendário litúrgico composto por dois grandes ciclos, Natal e Páscoa, e por um longo período de 33 ou 34 semanas, chamado de Tempo Comum.

Para cada dia do Ano Litúrgico são previstas pela liturgia da Igreja leituras bíblicas próprias que se encontram nos livros litúrgicos, chamados de lecionários e Evangeliário. São três os lecionários: **Dominical**, que traz as leituras feitas nas missas dominicais e solenidades (dividido em Anos A, B e C); **Semanal**, que apresenta as leituras dos dias de semana (segunda a sábado) divididas em anos pares e ímpares; e **Santoral**, com indicações de leituras próprias para as festas e a memória dos santos, incluindo as leituras das Missas Rituais e para diversas circunstâncias.

Por seguirem um ritmo de celebrações que perpassam o conteúdo do mistério de Cristo, os **domingos** são denominados de Anos A, B e C, destacando características próprias de um evangelista a cada ano. No Ano A se faz a leitura do Evangelho de Mateus; no Ano B, de Marcos, no Ano C, de Lucas. O ritmo que determina sua ordem é o natural do nosso alfabeto, retornando ao ciclo A depois do ciclo C. O evangelista João perpassa por todos os três anos, sobretudo quando proclamado nas solenidades e festas. As outras leituras (1ª leitura, salmo responsorial e 2ª leitura) são feitas de acordo com o Evangelho, que é o centro determinador da escala das leituras nas celebrações litúrgicas.

O ciclo semanal, também chamado de ferial por abranger os dias de semana (segunda-feira, terça-feira etc.), segue outra estrutura de distribuição das leituras da missa em anos pares e ímpares, facilmente percebidos pelo último número do ano corrente. 2019, por exemplo, é ano ímpar. Os Evangelhos são distribuídos durante um ciclo inteiro, de forma que da 1ª à 9ª semana se lê o Evangelho de São Marcos, da 10ª à 21ª semana, o de São Mateus, e da 22ª à 34ª semana, o de São Lucas. O Evangelho de São João fica limitado a algumas festas ou necessidades no decorrer do ano. Os Evangelhos não mudam entre os anos pares e ímpares como as 1ªs leituras, mas (colocar "as" sobrescrito) se repetem igualmente todos os anos.

Que possamos conhecer melhor o elenco de leituras de cada dia do ano, determinado pela Igreja através do calendário litúrgico, e assim, rezando e meditando a Liturgia da Palavra de cada dia, possamos nos aproximar ainda mais de Jesus Cristo, centro de nossa fé.

O ambão

A Instrução Geral do Missal Romano (IGMR, n. 309) nos diz que "a dignidade da Palavra de Deus requer na igreja um lugar condigno de onde possa ser anunciada e para onde se volte espontaneamente a atenção dos fiéis no momento da Liturgia da Palavra". Este espaço que dignifica a Palavra de Deus diante de sua importância é o ambão. Etimologicamente "ambão" deriva do grego *anabáiano*, que significa subir – porque se costuma estar em posição elevada de onde Deus fala –, ou *analogoium*, de *anà* e *logos*, porque do alto se lê e do alto se fala, ou porque se anuncia a palavra que vem do alto.

Ambão da Catedral de Castanhal/PA

Alguns textos bíblicos são simbolizados no ambão, como Mc 16,1-4 que narra a ida das mulheres ao sepulcro. Elas encontram a pedra do túmulo removida e o anjo lhes anuncia a ressurreição. O ambão é o ícone espacial deste texto evangélico, pois o diácono é o anjo que na Vigília Pascal sobe ao ambão e proclama a ressurreição. Em Jo 2,41-42, por sua vez, fala-se que no local do sepulcro havia um jardim, entendido não só como o Jardim da Ressurreição, mas como o Jardim do Paraíso. Jesus é o novo Adão que reconquista a vida que perdemos pelo pecado do primeiro homem. Esta iconografia era encontrada nos ambões que, em muitos casos, eram decorados com flores, plantas, pássaros e figuras femininas das mirófaras (mulheres que saíram cedo de casa para ungir o corpo do Senhor). O espaço da Palavra era e é visto como o "túmulo vazio", como "jardim", como "lugar alto" do anúncio da Páscoa do Senhor.

A Instrução Geral do Missal Romano, n. 309, diz ainda: "Do ambão sejam proferidas somente as leituras, o salmo responsorial e o precônio pascal; também se podem proferir a homilia e as intenções da oração universal ou oração dos féis. A dignidade do ambão exige que a ele suba somente o ministro da Palavra". É importante frisar que os avisos e comentários sejam feitos de outro lugar. Se houver necessidade de uma estante para o "comentarista", a mesma deve ser diferente do ambão, nunca uma peça igual de preferência móvel, e bem discreta, colocada fora do presbitério.

O ambão é, portanto, o ícone espacial que antecipa e permanece na igreja como sinal do anúncio da Boa Nova de Jesus, Palavra do Pai. Que a Palavra de Deus ressoe sempre em nossos templos; que ela nos revele o mistério de Cristo e opere na Igreja a salvação.

33º Encontro — A Liturgia Eucarística

LEIA e MEDITE os textos de Lc 22,14-20 e 1Cor 10,16-17.

A participação na morte e ressurreição do Senhor e o dom do Espírito integram os batizados no povo sacerdotal, que oferece o sacrifício de Cristo. Aqueles que foram justificados pela cruz de Cristo, e por isso foram regenerados e receberam o selo espiritual para o aperfeiçoamento, unem-se à Igreja. Assim reunidos, constituem o povo sacerdotal para oferecer o único sacrifício da Igreja que, unido a Cristo, é ao mesmo tempo oferta e vítima.

Os textos bíblicos que relatam a instituição da Eucaristia, na última ceia, narram que Jesus fez três gestos: tomou o pão e o cálice com vinho; pronunciou a bênção; partiu o pão e o distribuiu aos apóstolos e passou o cálice para que dele bebessem. Assim, podemos fazer um paralelo entre a última ceia de Jesus e a estrutura da Liturgia Eucarística:

Ações/gestos de Jesus	Estrutura da Liturgia Eucarística
1. Tomou o pão/vinho	1. Preparação das oferendas
2. Deu graças	2. Prece Eucarística
3. Partiu e deu aos seus discípulos	3. Rito da Comunhão

Pelo Batismo, formamos o Corpo de Cristo, a Igreja. O pão que recebemos na comunhão é o próprio Cristo, que se dá em alimento a sua Igreja. Porém, se eu não vivo a fé e dela não compartilho com os irmãos e irmãs, colocando meus dons a serviço, receber a comunhão do Corpo e Sangue de Cristo se torna algo vazio e sem sentido.

É hora de PENSAR e REGISTRAR o meu encontro

» Qual o momento do verdadeiro ofertório? O que ofertamos a Deus?
_____
_____
_____
_____

» Qual o sentido da comunhão e por que comungamos do Corpo e Sangue de Jesus?
_____
_____
_____
_____

Para CONHECER e APRENDER

A Prece Eucarística e o Rito da Comunhão

A preparação das oferendas ou preparação dos dons é o momento em que o altar ou a mesa do Senhor é preparado, exprimindo que ali é o centro de toda a Liturgia Eucarística e a ele deve ser dirigida toda a atenção da assembleia. É conveniente que se faça uma procissão a partir do fundo da Igreja com os dons do pão e do vinho: "No início da Liturgia Eucarística são levadas ao altar as oferendas que se converterão no Corpo e Sangue de Cristo" (IGMR, n. 49). A procissão que antecede a prece eucarística não é ofertório, mas sim a sua preparação. Portanto, levam-se até ao altar o pão e o vinho que serão consagrados. O valor desse rito é mais funcional do que central. Não é o momento culminante da celebração, mas a preparação necessária para tal momento, pois não oferecemos a Deus pão e vinho, mas sim o Corpo e o Sangue de Cristo como memorial da presença do sacrifício redentor ao qual se une o sacrifício da Igreja.

Vale frisar que se leva aquilo que será utilizado no "ofertório". Não há sentido levar na procissão das oferendas aquele pão bonito comprado na padaria nem aquela jarra muitas vezes com suco artificial de uva para imitar o vinho. Para que levar isso, se não terão utilidade dentro da missa? Enfeite? Não! Tudo deve ser verdadeiro e ter uma utilidade para o rito.

Elementos estruturais da oração de ação de graças:

> *Prefácio*
> *Aclamação ou Sanctus*
> *Primeira epiclese*
> *Relato da instituição*
> *Anamneses ou memorial*
> *Ofertório*
> *Intercessões e a recordação dos santos*
> *Doxologia final*

A "Oração Eucarística" ou "Cânon," ou ainda "Anáfora", como é conhecida na grande Tradição Litúrgica do Oriente, é uma grande oração de aliança por ter uma estrutura semelhante aos tratados de aliança do Oriente Médio antigo e, que serviram de inspiração para os textos bíblicos da aliança entre Deus e seu povo. Como todo tratado, supõe dois parceiros, duas partes, neste caso: Deus e o seu povo. Neste tratado é selado um pacto, um contrato do qual emanam deveres e direitos de ambas as partes. Porém, na relação homem e Deus, a humanidade não pode fazer exigências nem apresentar méritos. O discurso de aliança, da parte do homem, só pode ser recordação da misericórdia divina e súplica humilde e confiante nas promessas da aliança. Neste sentido, o homem inicia o discurso recordando os grandes feitos de Deus em favor de seu povo, sua fidelidade diante das infidelidades humanas e, recordando-o, louva, bendiz, dá graças a Deus por tanta bondade e misericórdia (Prefácio).

O Prefácio é encerrado com o convite para entoar o "Santo", no qual se unem as duas assembleias: a militante (terra) e a triunfante (céu). Baseado na sempre renovada fidelidade de Deus, ousa-lhe ainda apresentar-lhe súplicas. Como ponto central suplica o Espírito Santo sobre as espécies eucarísticas (Epiclese de consagração). Em seguida, quem preside repete as palavras e os gestos de Jesus na última ceia. Torna-se presente, dessa maneira, o sacrifício que o próprio Cristo instituiu ao oferecer seu corpo e seu sangue sob os sinais do pão e do vinho.

Com o anúncio de "tudo isso é mistério da fé!", dito pelo presidente, a assembleia é convidada a louvar o mistério da redenção que se atualiza no pão e no vinho consagrados. "Anunciamos, Senhor, a vossa morte e proclamamos a vossa ressurreição. Vinde, Senhor Jesus!", trata-se de uma aclamação memorial. Esta é uma das três fórmulas propostas pelo missal, e que foi reintroduzida

MR. *Oração Eucarística V.* São Paulo: Paulus, 1992. p. 497.

MR. *Oração Eucarística V.* São Paulo: Paulus, 1992. p. 479.

pela reforma litúrgica ordenada pelo Concílio Ecumênico Vaticano II, cuja fonte está em 1Cor 11,26. "Anunciamos a morte do Senhor", sendo Senhor o título divino dado a Jesus depois da ressurreição. Por isso também dizemos: "Proclamamos a ressurreição!". O mistério da fé não é só acreditar que Jesus está presente nas espécies eucarísticas, é muito mais que isso é a certeza de que Deus enviou seu Filho ao mundo, que se encarnou no seio de uma mulher, fez-se homem, morreu e ressuscitou para nos salvar e vai voltar em sua glória. Celebrar a Eucaristia, não é recordar a última ceia, é estar hoje aos pés da cruz e no jardim da ressurreição. É fazer memória, atualizar o único e eterno sacrifício.

Segue a oração com a *Anamneses ou memorial* e o *Ofertório*: "Celebrando, pois, a memória da morte e ressurreição do vosso Filho, nós vos oferecemos, ó Pai, o pão da vida e o cálice da salvação..." (Oração Eucarística II). Na oração fica claro o que ofertamos a Deus. Oferecemos a Deus não um sacrifício novo nem distinto, mas o mesmo sacrifício de Cristo que se atualiza no memorial. A epiclese sobre os dons, antes do relato da instituição, constitui uma unidade lógica com a epiclese sobre os comungantes, em que se suplica o envio do Espírito para fazer da comunidade reunida, o Corpo eclesial de Cristo. A súplica sobre os comungantes se prolonga e se explicita nas intercessões. Enquanto a súplica sobre os comungantes tinha presente apenas aqueles que agora participam da Eucaristia, as intercessões estendem o pedido pela unidade do Corpo eclesial de Cristo a todos os demais segmentos da Igreja (a Igreja hierárquica, a Igreja no mundo, a Igreja dos santos, a Igreja dos defuntos...), dos quais converge a grande aclamação de toda a assembleia: o "amém" como parte da grande doxologia. A doxologia é de quem preside e o "amém", uma aclamação de todos os fiéis celebrantes.

Durante as intercessões neste dia são mencionados nas orações os padrinhos e neófitos (recém-batizados): "*Lembrai-vos, ó Pai, dos vossos filhos e filhas (dizem os nomes dos padrinhos e das madrinhas) que apresentaram vossos escolhidos à graça do Batismo. Lembrai-vos também de todos os que circundam este altar...*"; "Recebei, ó Pai, com bondade, a oferenda dos vossos servos e de toda a vossa família. Nós a oferecemos também por aqueles que fizestes renascer pela água e o Espírito Santo, dando-lhes a remissão de todos os pecados, a fim de que os encontreis em nosso Senhor Jesus Cristo, e seus nomes sejam inscritos no livro da vida...". Nessa grande dinâmica da Prece Eucarística, temos primeiramente, portanto, um discurso ascendente: nós celebrantes (todos os fiéis) falamos a Deus pela boca do presidente através da Oração Eucarística. Deus, por

> As intercessões correspondem à Oração Eucarística I. No RICA (n. 233; 391) encontra-se o formulário para as demais orações.

sua vez, escuta os louvores e clamores do seu povo e, numa resposta descendente, nos dá o "Pão do Céu". Nós celebrantes (fiéis) somos, então, a boca que recebe o

Corpo de Sangue de Cristo (comunhão sacramental). Dinâmica que pode ser mais bem visualizada pelo esquema que Cesare Giraudo apresenta:

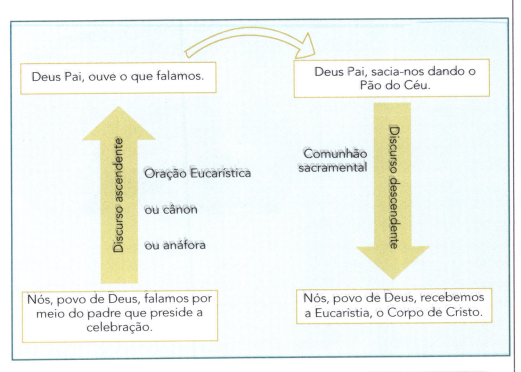

Com a oração do Pai-nosso, dá-se início o Rito da Comunhão. Ao redor da mesa do Senhor, a assembleia reunida manifesta sua total pertença ao Pai, como fez o Filho, a quem se unirá em comunhão.

> GIRAUDO, Cesare. *Num só corpo*. São Paulo: Loyola, 2003. p. 555

Em seguida, por meio da oração de quem preside, implora-se a paz e a unidade para a Igreja e para toda a humanidade. Num gesto significativo da fraternidade, no rito da paz, os fiéis se saúdam. Aqui, deveríamos resgatar o costume do Ósculo, o beijo santo, no qual reconhecemos e saudamos o Cristo presente no irmão. Enfim, é entoado o hino do Cordeiro de Deus, enquanto se realizam a fração do pão e a imissão. A fração do pão, em nossa Eucaristia, tem origem na ceia judaica, principalmente a pascal, que começava com um pequeno rito: o pai de família partia o pão para reparti-lo entre todos, com uma oração de bênção a Deus. Realizado por Cristo na última ceia, o gesto de partir o pão é tão significativo,

> Rito de imissão: "O sacerdote deixa cair uma parte do pão partido no cálice; com isso simboliza que a unidade da Igreja Universal se realiza na celebração da única eucaristia". D'ANNIBALE, Miguel Ángel. A Celebração Eucarística. In: MANUAL DE LITURGIA. *Os sacramentos*: sinais do Mistério Pascal. Vol. III. 2. ed. São Paulo: Paulus, 2011. v. III, p. 156.

que deu nome a toda ação eucarística na época apostólica: "No primeiro dia da semana, estando todos reunidos para a fração do pão..." (At 20,7; cf. At 2,42.46; 20,11).

cf. IGMR, n. 56c.

O gesto reproduz a ação de Cristo na última ceia e significa que nós, sendo muitos, pela comunhão de um mesmo Pão de Vida, que é Cristo, nos tornamos um único corpo (cf. 1Cor 10,17). Essa é a razão pela qual esse gesto não deve ser feito durante a consagração do pão, mas reservado para este momento da sua fração. Partir e compartilhar Cristo é sinal de amor e caridade.

Em virtude do sinal, convém que o presidente possa de fato dividir o pão em vários pedaços e distribuí-lo ao máximo de fiéis possível (cf. IGMR, n. 283). "Eles o reconheceram ao partir o pão" (cf. Lc 24,13-35). Este gesto fez com que os discípulos de Emaús reconhecessem o Ressuscitado. Vale lembrar o que a Instrução Geral do Missal Romano diz sobre o pão: "A verdade do sinal exige que a matéria da Celebração Eucarística pareça realmente um alimento" (IGMR, n. 283). Sim, alimento! "O gesto sacramental mais importante da comunidade cristã é o comer e beber. Não é de se admirar que Cristo o tenha escolhido como o melhor símbolo da salvação que nos quer comunicar: que comamos pão e bebamos vinho juntos, com a convicção de que, por meio deles, ele se nos dá a si próprio".

ALDAZÁBAL, José. *Gestos e Símbolos*. São Paulo: Loyola, 2005. p. 219.

Em diversas religiões encontram-se comidas sagradas, mas em nenhuma delas se dá tanta ênfase ao comer e beber como no cristianismo. Na Bíblia, aparecem 400 passagens com referência ao pão e 443 ao vinho. Encontramos um forte simbolismo no pão e no vinho, no comer e no beber. É um simbolismo, antes de tudo, humano. Cristo os escolhe por sua eficácia expressiva e acessível em nível antropológico. Primeiro, por serem alimentos; a comida é fonte de vida, todos necessitam se alimentar para sobreviver. Com isso, Jesus enfatiza que Ele é o nosso verdadeiro alimento, que só podemos viver se o comermos e o bebermos. Em segundo, fazem-nos ver a relação do homem com a natureza; são elementos da terra, dons da criação. A esses dons da terra, acrescenta-se o esforço e o trabalho do homem. Recordemos as palavras ditas por quem preside durante a preparação da mesa: "Bendito sejais, Senhor, Deus do universo, pelo pão que recebemos de

ORDINÁRIO da Missa. MR, n. 19-21.

vossa bondade, fruto da terra e do trabalho humano...'; "Bendito sejais, Senhor, Deus do universo, pelo vinho que recebemos de vossa bondade, fruto da videira e do trabalho humano..."; E ainda, comer e beber são uma conotação evidente de unidade e amizade, que gera felicidade; comer em grupo, com amigos, família, sempre foi um gesto simbólico expressivo de solidariedade, amizade, pois produz um ambiente de conversação, comunicação interpessoal, reconciliação. "Por isso, muito antes se fale da Eucaristia, ou que se exija da comunidade cristã que a celebra uma fraternidade crescente, já Cristo, nas páginas do Evangelho, utiliza com frequência a linguagem dessas comidas em comum. Às vezes, senta-se à mesa em casa de amigos (Lázaro, Mateus), outras em casa de fariseus (Simão), mas também em casa dos pecadores, aos quais quer transmitir sua palavra de salvação (Zaqueu)".

> ALDAZÁBAL, José. *Gestos e símbolos*. São Paulo: Loyola, 2005. p. 221.

Cristo ainda falou do grão de trigo que precisa morrer ao cair na terra para que se produza a espiga... Falava de si mesmo, que morreu para nos dar a vida: "Eu sou o pão da vida" (Jo 6,35). Ainda, a Didaqué (Catecismo dos primeiros cristãos) faz menção ao trigo e ao pão como símbolos da unidade da comunidade: "Da mesma maneira como este pão quebrado primeiro fora semeado sobre as colinas e depois recolhido para tornar-se um, assim das extremidades da terra seja unida a ti tua Igreja (assembleia) em teu Reino". Assim como o pão é resultado da união de muitos grãos, e o vinho é resultado de muitos cachos de uva, a Igreja se forma como comunidade eclesial a partir da diversidade reunida de pessoas espalhadas pelo mundo.

> DIDAQUÉ. Capítulo IX, 4. In: ZILLES, Urbano. *Didaqué*. Petrópolis: Vozes, 1970. p. 20.

É belíssimo recordar o paralelo entre o início do Antigo Testamento, que apresenta a proibição "não comerás" com a ameaça de morte no caso de desobediência (Gn 2,17), e o Novo Testamento, que apresenta o oposto "Tomai e comei", revelando a nova criação redimida na promessa do Evangelho: "Quem come a minha carne e bebe o meu sangue tem a vida eterna" (Jo 6,54). Assim, se possível neste dia em que os neófitos participarão pela primeira vez da mesa do Senhor, sugere-se utilizar pão ázimo recém-feito para, ao ser partilhado, expressar veracidade do sinal enquanto se canta o "cordeiro de Deus" que poderá ser repetido quantas vezes for necessário para acompanhar a fração do pão. A última vez se encerrará com as palavras "dá-nos a paz".

Comunhão significa a união das pessoas com Cristo ou com Deus, com a comunidade eclesial, e, numa perspectiva mais ampla, a "comunhão dos Santos". Comunhão vem da palavra latina *communio* (ação de unir, de associar e participar), e corresponde à palavra grega *koinonia*. Do ponto de vista eucarístico, "a comunhão com o Corpo e o Sangue do Senhor é participação no sacrifício que está sendo celebrado. Essa comunhão significa e realiza a incorporação a Cristo e à Igreja. Eis o motivo pelo qual se recomenda que os fiéis comunguem com hóstias consagradas na própria celebração" (cf. IGMR, n. 56h).

> D'ANNIBALE, Miguel Ángel. A Celebração Eucarística. In: MANUAL DE LITURGIA. *Os sacramentos*: sinais do Mistério Pascal. 2. ed. São Paulo: Paulus, 2011. v. III, p. 157.

A comunhão é a participação plena no sacrifício, e somente quem come pode dizer que participou plenamente do sacrifício, uma vez que ele foi instituído em forma de comida. "O que se anunciava na fração do pão chega a seu ponto culminante na comunhão. Sinal mais expressivo e realizador da união dos diversos membros entre si pela união de todos em Cristo Jesus". Sobre o momento da comunhão, assim escreve Cirilo de Jerusalém:

> BOROBIO, Dionisio. *Celebrar para viver*: liturgia e sacramentos da Igreja. São Paulo: Loyola, 2009. p. 280.

> Ao te aproximares [da comunhão], não vás com as palmas das mãos estendidas, nem com os dedos separados; mas faze com a mão esquerda um trono para a direita como quem deve receber um Rei e no côncavo da mão espalmada recebe o corpo de Cristo, dizendo: 'Amém'. Com segurança, então, santificando teus olhos pelo contato do corpo sagrado, toma-o e cuida de nada se perder. Pois se algo perderes é como se tivesses perdido um dos próprios membros. Dize-me, se alguém te oferecesse lâminas de ouro, não as guardarias com toda segurança, cuidando que nada delas se perdesse e fosses prejudicado? Não cuidarás, pois, com muito mais segurança de um objeto mais precioso que ouro e pedras preciosas, para dele não perderes uma migalha sequer?
>
> Depois de teres comungado o corpo de Cristo, aproxima-te também do cálice do seu sangue. Não estendas as mãos, mas inclinando-te, e num gesto de adoração e respeito, dize 'amém'. Santifica-te também tomando o sangue de Cristo.

> CIRILO DE JERUSALÉM. *Catequese Mistagógicas*. Petrópolis: Vozes, 2004. V, 21-22, p. 54-55.

A Eucaristia é, portanto, memorial da morte e ressurreição do Senhor sob o sinal do pão e do vinho dados em refeição, em ação de graças e súplica, que, recebido pelos fiéis, "converte-se na expressão mais privilegiada, autêntica, concreta e visível da comunidade interna da Igreja com Cristo e, ao mesmo tempo, vem a ser o lugar mais eficaz e realizador de tal unidade".

> BOROBIO, Dionisio. *Celebrar para viver*: liturgia e sacramentos da Igreja. São Paulo: Loyola, 2009. p. 281.

34º Encontro — Batismo e Confirmação

LEIA e MEDITE o texto de At 8,27-39.

Estava o etíope lendo as Sagradas Escrituras, porém lhe faltava alguém que o ajudasse a compreender o que o texto dizia. Deus envia Felipe, que, partindo da passagem do profeta Isaías, lhe anuncia a pessoa de Jesus Cristo. O AMOR e a convicção com que Felipe fala de Cristo, dando seu testemunho, toca o coração do etíope, mexe com seu ser, faz brotar o sentimento de mudança e conversão a ponto de pedir o Batismo.

Quando o Evangelho é anunciado, e as pessoas o ouvem e o deixam cair no coração, acontece uma transformação de vida. Além do desejo, surge também a necessidade de dar passos concretos nesta mudança. Uma delas é aceitar publicamente Jesus Cristo e caminhar com Ele, e com a comunidade. Este passo concreto é dado através do Sacramento do Batismo. Com o Batismo e a Confirmação, abrimos nossa mente e coração para escutar Jesus e segui-lo, vivendo como Ele viveu.

"...todos nós fomos batizados num só Espírito para sermos um só corpo: judeus ou gregos, escravos ou livres; e todos bebemos do mesmo Espírito [...] Vós sois o corpo de Cristo e cada um, por sua vez, é um membro." (1Cor 12,12-27)

"O Espírito do Senhor está sobre mim, porque ele me ungiu para anunciar a Boa Nova aos pobres [...] Hoje se cumpriu esta passagem da Escritura que acabais de ouvir." (Lc 4,16-22)

"...assim que chegaram, eles fizeram uma oração pelos novos fiéis a fim de receberem o Espírito Santo [...] Então, os dois apóstolos lhes impuseram as mãos e eles receberam o Espírito Santo." (At 8,14-17)

"Antigamente nós também fomos insensatos, rebeldes, desorientados, escravos de toda sorte de paixões e prazeres [...] Mas quando apareceu a bondade de Deus, nosso Salvador [...] por sua misericórdia, mediante o batismo de regeneração e renovação do Espírito Santo [...] a fim de que, justificados por sua graça, nos tornemos, segundo a esperança, herdeiros da vida eterna." (Tt 3,3-7)

É hora de PENSAR e REGISTRAR o meu encontro

» Como me sinto sabendo que sou filho adotivo de Deus pelo Batismo?

_____
_____
_____
_____
_____

» Se você já é batizado, qual a data em que ocorreu o seu Batismo? Se ainda não foi, qual a data em que foi agendado o seu Batismo?

_____

» Enquanto cristãos e cristãs, já achamos o nosso lugar na Igreja? Qual a nossa missão, isto é, o que podemos fazer para que a Igreja cresça e o Evangelho seja anunciado?

_____
_____
_____
_____
_____
_____

Para CONHECER e APRENDER

Incorporados à Igreja

Quando somos batizados, o padre ou o ministro, ao mergulhar ou derramar, a água sobre o batizando, diz: "...N..., eu te batizo em nome do Pai e do Filho e do Espírito Santo". Diz apenas o primeiro nome do batizando, omitindo o sobrenome. Isso significa que todos os que são batizados recebem um sobrenome comum: cristãos. Todos nascemos do mesmo útero, da mesma água. Somos todos filhos e filhas de Deus, e isso nos torna todos irmãos. Neste sentido, a Igreja é a reunião desta grande família, templos vivos do Espírito Santo, onde cada um tem uma função e uma missão.

Todos os membros devem colocar seus dons a serviço uns dos outros – o de cantar, de ler, de limpar etc. Na Igreja há muitos serviços, e cada pessoa pode participar buscando uma pastoral com a qual se identifique e sendo uma agente evangelizadora, aplicando o que aprendeu na catequese nos diferentes ambientes de sua convivência – em casa, na escola, no grupo de amigos etc.

E nós, enquanto batizados, cristãos e cristãs, já achamos nosso lugar na Igreja? Como podemos contribuir para que esta família cresça e vivencie tudo o que Jesus pregou? Nesta grande família, neste grande Corpo, Cristo é a cabeça e nós somos os membros.

O Batismo só se recebe uma vez; e, quando recebido, nunca mais é apagado, mesmo que deixemos de ir à Igreja ou a renunciemos. O Batismo imprime na alma um sinal espiritual indelével.

Os que morreram sem o Batismo, mas o desejavam recebem a salvação (Batismo de desejo). Em caso de necessidade, qualquer pessoa pode batizar, desde que tenha a intenção de fazer o que Igreja faz, isto é, derramar água na cabeça do batizando dizendo: "Eu te batizo em nome do Pai e do Filho e do Espírito Santo" (cf. CIgC, n. 1284).

A celebração do Batismo

Os ritos e símbolos utilizados na celebração batismal nos comunicam qual o sentido do Batismo cristão, indicando como deve ser a sua caminhada de fé. O rito poderá variar de acordo com a realidade de cada comunidade. Aqui se apresenta a estrutura do Ritual do Batismo de crianças.

I. Ritos de acolhida:
Chegada
Saudação
Apresentação das crianças e pedido do Batismo
Sinal da cruz
Procissão de entrada

II. Liturgia da Palavra
Proclamação da Palavra
Homilia
Oração dos fiéis (e invocação dos santos)
Oração
Unção pré-batismal (óleo dos catecúmenos)

III. Liturgia Sacramental
Procissão para o Batistério
Oração sobre a água (quem preside toca a água ou mergulha o Círio Pascal)
Promessas do Batismo
Batismo (fonte batismal, pia batismal ou jarro e bacia – água)
Ritos complementares
  Unção pós-batismal (óleo do Santo Crisma)
  Veste batismal (veste branca)
  Rito da Luz (Círio Pascal – vela)
Ritos complementares opcionais
  Entrega do Sal (sal)
  Éfeta

IV. Ritos finais
Oração do Senhor
Bênção
Despedida

Elementos simbólicos utilizados na celebração do Batismo

Óleo – No Sacramento do Batismo, a unção com o óleo dos catecúmenos indica a fortaleza na luta da vida cristã. Ao ungir a criança, a Igreja quer transmitir a força de Deus para que ela comece a vida cristã, que certamente não será fácil. Como dizia Santo Ambrósio, "somos ungidos porque empreendemos uma luta".

Água – É o símbolo mais importante do Batismo, pois nos remete à vida – dá a vida, mata a sede, rega a plantação. Fonte, rio, mar, chuva. Água presente no útero materno que envolve o feto (líquido amniótico). Água que é sinal também de morte, que destrói: afogamento, enchentes. Água que lava, purifica, limpa.

Neste sentido, no Batismo, a água é sinal de morte e de vida. Com o Batismo, morremos para o pecado (entrar na água, mergulhar, afundar, afogar, morrer), pois na fonte batismal somos gerados no grande útero da mãe Igreja, na água fecundada e portadora do Espírito Santo que regenera, que cria a vida nova em Cristo. Sair da água representa ser salvo. Ganhamos nova vida, somos lavados e purificados de todo o pecado em Cristo, a fonte de água viva!

Veste batismal – Com o Batismo nos revestimos de Cristo, e a veste batismal simboliza este revestimento; a vida nova que deve ser levada sem mancha até a vida eterna. A veste costuma ser de cor branca e nos remete ao livro do Apocalipse 7,13-14: "Estes, que estão vestidos com túnicas brancas [...] Estes são os que vieram da grande tribulação. Lavaram e branquearam as suas vestes no sangue do cordeiro". Em Cristo, pelo seu sangue derramado na cruz e com sua morte, fomos lavados e libertos do pecado.

Luz – Os cristãos eram também chamados de *iluminados*. Eram iluminados pela luz de Cristo, pelo ressuscitado, simbolicamente representado no Círio Pascal, que fica ao lado da fonte batismal depois do tempo pascal. "Eu sou a luz do mundo..." (Jo 8,12). O Círio Pascal é o *Lumen Chisti* (Luz de Cristo), o Ressuscitado, a nova coluna de fogo, a luz nova na peregrinação dos cristãos até a Jerusalém Celeste. As demais velas simbolizam a luz que o Cristão deve irradiar no mundo muitas vezes escuro pelo pecado.

Sal – Em uma de suas parábolas Jesus nos convida a ser "sal da terra". "Se o sal perde seu sabor, com que salgaremos?" (Mc 5,13). No mundo, quando não há graça e esperança, o cristão recebe a missão de fazer a diferença, de ser testemunho e sinal de contradição. O cristão deve ser o sabor, a Boa Nova, levar a esperança para a sociedade.

Fonte Batismal – A Tradição enxergou a fonte batismal como útero da Mãe Igreja, conforme se pode ler nos escritos do século V do Batistério Lateranense, atribuídos ao Papa São Sisto III (432-440):

> Aqui nasce para o céu um povo de nobre estirpe. O Espírito é quem dá a vida nessas águas fecundas. Aqui, a Mãe Igreja gera, com fértil virgindade, aqueles que coloca no mundo pela ação do Espírito. Esta é a fonte da vida que banha todo o universo: brota da ferida aberta do coração do Cristo e faz o cristão. Esperai no Reino, vós que nascestes nesta fonte.

Em algumas igrejas, encontramos a imagem da Virgem Maria ao lado da fonte batismal, o que transmite uma belíssima simbologia: Maria, o útero que gerou o Cristo, e a fonte batismal, o útero que gera o cristão. O mesmo Espírito que fecundou o seio de Maria fecunda o seio da Igreja. Na oração de Bênção da Fonte Batismal, fica explícito o paralelo do Espírito que fecundou o seio de Maria e o mesmo Espírito que fecunda o seio da Igreja, a esposa que gera o cristão:

> [...] Aqui se oferece um banho que torna puros, de uma candura nova, aqueles que a sordidez antiga do pecado recobrira; aqui a torrente lava os pecados e germina em virtudes novas; jorra uma fonte que emana do lado de Cristo, cujas águas matam a sede de vida eterna. [...] Enviai, Senhor, sobre esta água o sopro do vosso Espírito; a força divina pela qual a Virgem gerou o vosso Unigênito fecunde o seio da Igreja, vossa esposa, para que ela, ó Pai, gere para vós inúmeros filhos, e futuros habitantes do céu [...]. (Ritual de Bênçãos, n. 853)

Da Oração fica claro ainda que o Batismo é um banho e o Batistério contempla uma fonte onde jorra água. Essa água que jorra é uma água fecunda, que gera vida, pois nasce do lado aberto de Cristo. Jesus Cristo se serviu desse elemento natural para comunicar uma realidade mais profunda: a inserção no seu mistério de Morte e Vida.

A celebração do Batismo e da Confirmação

Logo após o Batismo (ou logo após a renovação das promessas feitas no Batismo, se já batizado), o Bispo faz a imposição das mãos dizendo:

> *Roguemos, irmãos e irmãs, a Deus Pai Todo-Poderoso, que derrame o Espírito Santo sobre estes seus filhos e filhas adotivos, já renascidos no Batismo para a vida eterna, a fim de confirmá-los pela riqueza de seus dons e configurá-los pela sua unção ao Cristo, Filho de Deus.*

(Todos rezam um momento em silêncio e o Bispo impõe as mãos sobre todos os confirmandos)

Deus Todo-Poderoso,
Pai de Nosso Senhor Jesus Cristo,
que, pela água e pelo Espírito Santo,
fizestes renascer estes vossos servos e servas,
libertando-os do pecado,
enviai-lhes o Espírito Santo paráclito;
dai-lhes, Senhor, o Espírito de Sabedoria e Inteligência,
o Espírito de Conselho e Fortaleza,
o Espírito de Ciência e Piedade
e enchei-os do Espírito do vosso temor.
por Cristo, Nosso Senhor.

O Bispo procede com a unção do crisma:

Bispo: *...N..., recebe, por este sinal, o Espírito Santo, o dom de Deus.*

Confirmandos: *Amém.*

Bispo: *A paz esteja contigo.*

Confirmandos: *E contigo também.*

São ritos simples, mas de grande importância para a vida de fé.

Elementos simbólicos utilizados na Celebração da Confirmação

As mãos e sua imposição: As mãos são uma das partes do corpo responsável pelo contato com os outros. Mãos defendem, protegem, acariciam, alimentam. O gesto de impor as mãos é muito antigo e utilizado com os mais variados significados: transmitir o poder da cura, abençoar, proteger, entre outros. Além do Sacramento da Confirmação, a imposição das mãos é realizada em outros sacramentos, com sentidos diferentes. Na Confirmação, a imposição é a transmissão do Espírito Santo aos batizados.

Óleo do Crisma – O uso do óleo é muito frequente e com muitos significados. No Sacramento da Confirmação, é utilizado o Santo Crisma (uma mistura de óleo de oliva e bálsamo ou perfume), que simboliza o Espírito Santo com o qual Jesus foi consagrado para sua missão. A unção com o Crisma na Confirmação, feita pelo Bispo, significa que os cristãos são pessoas "ungidas", associadas a Cristo para continuar sua missão. O perfume nos recorda que, como cristãos, devemos ser os ungidos do Senhor, ser o bom odor ao mundo.

Alexandre Maranhão

35º Encontro — O Sacramento da Penitência e da Reconciliação

LEIA e MEDITE o texto de 2Cor 5,18-21.

Constantemente cometemos erros, machucamos e magoamos pessoas que amamos; principalmente a Deus, que nos criou e nos modelou com amor materno.

> "...soprou sobre eles e disse: 'Recebei o Espírito Santo. A quem perdoardes, os pecados serão perdoados. A quem não perdoardes, os pecados mão serão perdoados.'" (Jo 20,22-23)

Deus, por amor, sempre olha com misericórdia para o homem, e sempre está aberto a dar uma nova chance a ele. Deus, para salvar o homem do pecado, entregou seu próprio Filho, Jesus, para morrer numa cruz. Deus, por Jesus Cristo, nos reconciliou consigo e nos chama constantemente ao arrependimento. O Sacramento da Penitência, deixado por Jesus à Igreja, é uma maneira que temos de nos reconciliar com Deus, com o mundo e conosco.

O Sacramento da Penitência, chamado também de Sacramento da Reconciliação, da Conversão ou da Confissão, é um dos Sacramentos de Cura da Igreja. Em sua caminhada terrestre, o ser humano está sujeito aos sofrimentos, à doença, ao pecado e à morte. Cristo, médico de nossas almas e de nossos corpos, que remiu os pecados, quis que sua Igreja continuasse, na força do Espírito Santo, sua obra de cura e salvação também junto de seus próprios membros. O Sacramento da Reconciliação tem, portanto, essa finalidade.

> "O perdão dos pecados cometidos após o Batismo é concedido por um sacramento próprio chamado Sacramento da Conversão, da Confissão, da Penitência ou da Reconciliação." (CIgC, n. 1486)

É hora de PENSAR e REGISTRAR o meu encontro

» Quais as três atitudes que o penitente deve ter ao se confessar?

_____
_____
_____
_____

» Aos três atos do penitente foram acrescidos, ao longo da Tradição da Igreja, outras duas práticas: o Exame de Consciência e o Ato de Contrição. Faça, portanto, um momento de Exame de Consciência e escreva em poucas palavras um Ato de Contrição:

_____
_____
_____
_____
_____
_____

Para CONHECER e APRENDER

Reconciliar-se com Deus

Pecar significa errar o caminho. Quando pecamos nos distanciamos de Deus, saímos da estrada que nos conduz até Cristo. O pecado fere a honra de Deus e seu amor, fere a própria dignidade de homem chamado a ser filho de Deus e fere a saúde espiritual da Igreja da qual cada cristão é pedra viva. Quando pecamos, viramos as costas ao Projeto que Deus tem para nós.

Mas Deus, que é amor e misericórdia, sempre nos dá uma nova chance de voltar ao caminho que nos leva até Ele. Este movimento de volta é chamado de arrependimento e conversão, sentimentos que provocam uma verdadeira aversão aos pecados cometidos e o firme propósito de não mais pecar no futuro. A conversão atinge, portanto, o passado e o futuro; nutre-se da esperança na misericórdia de Deus.

O Sacramento da Reconciliação é constituído de três atos do penitente:

> **Arrepender-se:** O pecador deve se arrepender e fazer o firme propósito de mudança.
>
> **Confessar:** O penitente deve procurar o sacerdote para se confessar ou manifestar os pecados cometidos.
>
> **Cumprir a penitência:** Aquele que se reconciliou deve firmar o propósito de cumprir a penitência e as obras solicitadas pelo confessor para reparar o prejuízo causado pelo pecado e restabelecer os hábitos próprios dos discípulos de Cristo.

O Sacramento da Reconciliação é por fim constituído pela absolvição do sacerdote que, de mãos estendidas sobre a cabeça do penitente, diz:

"Deus, Pai de misericórdia, que, pela morte e ressurreição de seu Filho, reconciliou o mundo consigo e enviou o Espírito Santo para remissão dos pecados, te conceda, pelo ministério da Igreja, o perdão e a paz. E eu te Absolvo dos teus pecados em nome do Pai, e do Filho, e do Espírito Santo."

E o penitente responde: *"Amém"*.

Antes ou depois da confissão, o penitente pode expressar o arrependimento e fazer o propósito de não mais pecar através do Ato de Contrição. Não é preciso seguir uma fórmula, basta que seja sincero e de coração. Alguns exemplos de Ato de Contrição:

"Ó meu Jesus, que morreste na cruz para nos salvar, eu me arrependo dos meus pecados e prometo não mais pecar. Amém."

"Meu Deus, porque sois tão bom, me arrependo por Vos ter ofendido. Ajudai-me a não tornar a pecar."

O Catecismo da Igreja Católica (n. 1468-1470) nos ensina que os efeitos espirituais do Sacramento da Penitência são:

- a reconciliação com Deus, pela qual o penitente recobra a graça;
- a reconciliação com a Igreja;
- a remissão da pena eterna devida aos pecados mortais;
- a remissão, pelo menos em parte, das penas temporais, sequelas do pecado;
- a paz e serenidade da consciência e a consolação espiritual;
- o acréscimo de forças espirituais para combate cristão.

Enfim, o Sacramento da Reconciliação nos reconcilia com Deus, com a Igreja, com o nosso próximo e com toda a criação. Deus é Pai, e está sempre de braços abertos para acolher os seus filhos arrependidos.

36º Encontro — O Sacramento da Unção dos Enfermos

LEIA e MEDITE o texto de 2Cor 5,18-2.

A doença e o sofrimento sempre marcaram a caminhada da humanidade. Na enfermidade o homem experimenta sua impotência, suas misérias e limites. Cristo, em toda a sua caminhada, teve um olhar especial pelos doentes. Suas numerosas curas são sinal de que Deus não abandona seu povo. Jesus não só tem o poder de curar, mas também de perdoar os pecados. Na sua infinita misericórdia, Ele veio curar o homem inteiro: alma e corpo.

Diante da dor e do sofrimento pela enfermidade, Jesus deixa à Igreja a missão de "curar os enfermos" (Mt 10,8). A Igreja esforça-se em cumprir essa missão e encontra, no Rito do Sacramento da Unção dos Enfermos, a certeza de confortar aqueles que são provados pela enfermidade.

> A compaixão de Jesus pelos pobres e sofredores é tão grande que Ele se identifica com cada um deles: "Estive doente e me visitastes" (Mt 25,36). Ao sairmos de casa e dedicarmos um tempo aos enfermos, pobres e sofredores, estamos fazendo-o ao próprio Cristo. É a face de Jesus que vemos espelhada no rosto de cada irmão: "todas as vezes que fizestes isso a um destes mais pequeninos, foi a mim que o fizestes!" (Mt 25,40).

É hora de PENSAR e REGISTRAR o meu encontro

» Quem pode receber o Sacramento da Unção dos Enfermos?

_____
_____
_____
_____

» Por que Jesus deu uma atenção especial aos doentes e enfermos?

_____
_____
_____

» Escreva o nome da pessoa enferma ou idosa por quem você vai rezar durante toda esta semana:

Para CONHECER e APRENDER

Mistagogia da Unção dos Enfermos

A Unção dos Enfermos não é um ato mágico. O efeito salutar é atribuído à oração que vem da força da fé, da certeza em saber que o Senhor pode ajudar, pode aliviar as dores e curar. Da firme convicção de que Ele realmente ajudará. É sempre o próprio Jesus Cristo que cura o enfermo, e o padre é apenas um instrumento e sinal de Deus. Na Unção dos Enfermos encontramos não só o Jesus sofredor, mas também o médico Jesus que curou os doentes. Vejamos a sequência ritual da Celebração do Sacramento da Unção dos Enfermos.

Rito Comum ou em Perigo de Morte Iminente

I. Ritos iniciais
- Acolhida
- Rito Penitencial

II. Leitura da Sagrada Escritura
- Proclamação do texto bíblico
- Profissão de Fé

III. Sagrada Unção
- Imposição das mãos
- Ação de graças sobre o óleo
- Rito da Unção
- Pai-nosso
- Viático

IV. Ritos finais
- Oração
- Bênção

A imposição das mãos sobre a cabeça do doente é feita em silêncio. É um gesto de proteção, abrindo um espaço em que o enfermo se sente protegido pela proximidade curadora e amorosa de Deus. Nesse espaço, o enfermo pode se confrontar com a própria verdade. Ele sabe que até mesmo em sua doença está sob a proteção de Deus, na mão protetora e amorosa que o abriga.

Depois da imposição das mãos, o sacerdote faz uma oração de agradecimento sobre o óleo. Ele louva a Deus pela ação da cura por meio de seu Filho, Jesus Cristo, e do Espírito Santo.

O óleo era um medicamento conhecido na Antiguidade. Sobretudo o óleo de oliva era considerado símbolo de força espiritual, porque era obtido do fruto da oliveira, uma árvore que cresce em solo árido e mesmo assim produz frutos. O óleo de oliva não é considerado apenas um medicamento, mas é símbolo de luz e de pureza. Quando os enfermos são ungidos com óleo, os ministros não agem como médicos, mas como testemunhas de Jesus Cristo. Invocam a força da bênção divina sobre os doentes.

A unção com o óleo dos enfermos é feita na fronte e nas mãos enquanto o sacerdote diz:

> POR ESTA SANTA UNÇÃO
> E PELA SUA INFINITA MISERICÓRDIA,
> O SENHOR VENHA EM TEU AUXÍLIO
> COM A GRAÇA DO ESPÍRITO SANTO,
> R. Amém.
>
> PARA QUE, LIBERTO DOS TEUS PECADOS,
> ELE TE SALVE
> E, NA SUA BONDADE,
> ALIVIE OS TEUS SOFRIMENTOS.
> R. Amém.

Na Unção dos Enfermos, o desejo é que o enfermo vença a doença e obtenha a paz interior; que se reconcilie consigo mesmo e com sua vida, assim como com sua doença, contra a qual interiormente pode ter se revoltado. Só aquele que se reconcilia pode se curar e permanecer saudável.

Todos nós estamos sujeitos a adoecer e a gozar dos limites próprios da idade. Sendo assim, devemos ser discípulos nos colocando a serviço dos enfermos e idosos, ajudando-os com nossa prece e atenção. Ao estar enfermo, pedir o quanto antes a sagrada Unção, na certeza confiante de que Cristo sofre conosco e de que Ele é o médico da nossa alma e do nosso corpo.

37º Encontro — O Sacramento da Ordem

LEIA e MEDITE o texto de Jr 1,4-9.

Deus, ao longo dos tempos, escolheu homens para estarem à frente do seu povo e conduzi-los para o Reino Eterno. Ele se manifestou em cada um deles e se revelou à humanidade como um Deus que ama, que se compadece a ponto de enviar ao mundo seu próprio Filho, Jesus Cristo, para nos salvar.

Jesus, o enviado do Pai, cumpriu em tudo sua missão e foi chamado de Sumo e Eterno Sacerdote. Aquele que foi o único e perfeito mediador entre Deus e os homens.

> "...todo sumo sacerdote é escolhido entre os homens e constituído a favor do povo nas suas relações com Deus, para oferecer dons e sacrifícios pelos pecados. É capaz de ser indulgente com os que estão na ignorância e no erro, porque também ele está cercado de fraqueza. Por isso deve oferecer sacrifícios, tanto pelos pecados do povo quanto pelos próprios. Ninguém se aproprie desta honra senão aquele que é chamado por Deus..." (Hb 5,1-4)

Mas o verdadeiro e único sacerdote e pastor do rebanho, ao voltar para junto do Pai, encarrega a Igreja de continuar sua missão e presença aqui na Terra. Assim, todos os batizados são chamados a participar do sacerdócio de Cristo, exercendo seu "sacerdócio batismal" por meio de sua participação, segundo sua própria vocação, na missão de Cristo, Sacerdote, Profeta e Rei.

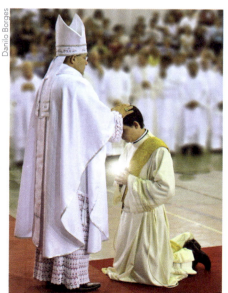
Danilo Borges

No entanto, apenas algumas pessoas têm vocação e são chamadas para se dedicar exclusivamente ao serviço do Reino de Deus, junto a seu povo, através do ensinamento, do culto divino e do governo pastoral; essas pessoas assumem o "sacerdócio ministerial" (ou hierárquico). São homens tirados do meio do povo para, após um período de formação, voltarem ao seio das comunidades e se tornarem pastores, conduzindo os fiéis até Deus.

É hora de PENSAR e REGISTRAR o meu encontro

» Como é conferido o Sacramento da Ordem?

_____
_____
_____
_____
_____
_____

» Pesquise e escreva quais as vestes e insígnias de cada grau da Ordem:

1º Grau: _____
_____

2º Grau: _____
_____

3º Grau: _____
_____

ORAÇÃO PELAS VOCAÇÕES

Jesus, divino Pastor da Santa Igreja, ouvi nossa prece sacerdotal.

Concedei para muitos meninos e jovens, de coração inocente e generoso, a graça do sacerdócio e a perseverança em sua vocação.

Fazei-nos compreender a grande honra e felicidade de termos um padre em nossa família.

Dai-nos a todos sinceros desejos de auxiliar as vocações sacerdotais e religiosas.

Infundi, nos formadores do nosso clero, os dons de piedade e ciência para o reto desempenho de sua missão de tanta responsabilidade.

Por intercessão da Virgem Santíssima, santificai e protegei sempre os nossos padres, para que se dediquem com amor e zelo à glória de Deus e à salvação dos homens. Amém.

Para CONHECER e APRENDER

Os três graus do Sacramento da Ordem

Todos os ministérios conferidos pela ordenação têm sua origem na missão de Cristo confiada a seus apóstolos e pertencem à estrutura fundamental da Igreja. Os ministérios, portanto, são parte constitutiva da verdadeira Igreja. Sem ministérios não existe Igreja.

São três os graus do sacramento da Ordem: diaconado, presbiterado e episcopado. Porém, somente existem dois graus de participação no ministério sacerdotal de Cristo: o episcopado e o presbiterado. O diácono se destina a ajudá-los e a servi-los. Então se pode dizer que os graus de participação sacerdotal (Bispos e padres) e o de serviço (diácono) são conferidos por um ato sacramental chamado *ordenação*, isto é, pelo Sacramento da Ordem.

No primeiro grau da Ordem, o candidato recebe a ordenação diaconal:

O diaconado é o primeiro grau da hierarquia na Igreja, para o qual as mãos lhes são impostas não para o sacerdócio, mas para o serviço. Na Antiguidade, foi um ministério de muito prestígio.

Na ordenação diaconal somente o Bispo impõe as mãos, significando que o diácono está especialmente ligado ao Bispo nas tarefas de sua diaconia (cf. CIgC, n. 1569). Os diáconos estão sujeitos ao Bispo e são considerados os ouvidos, a boca, o coração e a alma dele; suas funções se orientavam mais na direção da caridade e da comunhão. Pedia-se dos diáconos um cuidado especial pelos doentes e pelos pobres, por isso mesmo eram chamados *amigos dos órfãos*.

Cabe, portanto, ao diácono, entre outros serviços, auxiliar o Bispo e padres nas celebrações, distribuir a comunhão, assistir o Matrimônio, proclamar e pregar o Evangelho, presidir as exéquias e dedicar-se aos serviços sociais.

O diácono pode ser ordenado em vista da ordenação presbiteral, permanecendo apenas um tempo como diácono e posteriormente sendo ordenado presbítero, ou ainda como grau próprio, chamado de *diaconato permanente*, que pode também ser conferido a homens casados.

Os diáconos recebem "após a imposição das mãos e a prece de ordenação" os paramentos próprios do seu ministério: estola diaconal e dalmática. Recebem também o livro dos Evangelhos, que indica o múnus de proclamá-los, nas celebrações litúrgicas e o abraço da paz como aceitação e acolhida no seu ministério.

No segundo grau da Ordem, o candidato recebe a ordenação presbiteral:

Com a ordenação, os presbíteros participam do sacerdócio e da missão dos Bispos, de modo que estão unidos a eles na dignidade sacerdotal e ao mesmo tempo dependem deles no exercício de suas funções pastorais. Atentos cooperadores dos Bispos, são chamados a servir ao Povo de Deus. Formam em torno de seu Bispo o *presbitério*, com o qual é responsável pela Igreja particular. Recebem do Bispo o encargo de uma comunidade paroquial ou de uma função eclesial determinada.

Cabe aos presbíteros pregar o Evangelho, apascentar os fiéis e celebrar os sacramentos, de modo especial a Eucaristia, a Reconciliação e a Unção dos Enfermos.

O Bispo é quem confere a ordenação ao diácono e junto com os presbíteros, impõe as mãos sobre os ordinandos para significar a acolhida e inserção deles no presbitério.

Após a prece de ordenação, os ordenados são revestidos da estola presbiteral e da casula, manifestando o ministério que vão exercer na liturgia – o que é ainda mais explicitado através da unção das mãos com o óleo do Santo Crisma e da entrega do pão e do vinho. Por fim, o abraço da paz é sinal de sua aceitação como novos cooperadores da messe do Senhor

No terceiro grau da Ordem, o candidato recebe a ordenação episcopal:

O bispo recebe a plenitude do sacramento da Ordem que o insere no Colégio episcopal e faz dele o chefe visível da Igreja particular que lhe é confiada (Diocese/Arquidiocese). Os Bispos, como sucessores dos apóstolos e membros do Colégio, participam da responsabilidade apostólica e da missão de toda a Igreja, sob a autoridade do Papa, sucessor de São Pedro (cf. CIgC, n. 1594).

O bispo tem o dever de pregar o Evangelho para a salvação e santificação dos fiéis, bem como presidir os sacramentos, especialmente a Confirmação e a Ordem.

De acordo com antiguíssimo costume para ordenação de um Bispo, deve estar o Bispo ordenante principal acompanhado de ao menos mais dois Bispos.

Todos os bispos presentes participam da ordenação impondo mãos, rezando a parte própria da prece de ordenação e saudando-o com o abraço da paz. Enquanto se reza a prece de ordenação, dois diáconos mantêm o livro dos Evangelhos sobre a cabeça do ordinando.

Após a oração, o Evangeliário é entregue nas mãos do bispo expressando que a pregação da Palavra é a sua principal missão. Unge-se com o óleo do Santo Crisma a cabeça do bispo significando a sua especial participação no sacerdócio de Cristo. A colocação do anel é sinal de sua fidelidade para com a Igreja, esposa de Deus. Ainda, a imposição da mitra expressa a busca pela santidade e a entrega do báculo de pastor, mostrando seu encargo de conduzir a Igreja a ele confiada.

Alguns bispos podem receber títulos de acordo com a missão a eles confiada e o serviços dos quais estão à frente: Arcebispos, Cardeais, Papa e outros. No fundo, todos são bispos e gozam do terceiro grau da Ordem. O Papa é o bispo da Diocese de Roma e recebe este título por ter sido escolhido como sinal de unidade da Igreja universal.

38º Encontro — O Sacramento do Matrimônio

LEIA e MEDITE o texto de Mt 19,3-6.

O matrimônio também é um sacramento de serviço, pois os esposos cristãos dele participam para serem fortalecidos e cumprirem dignamente todos os deveres da vida a dois. O próprio Deus é autor do matrimônio, e convida homem e mulher a se unirem para formar a família, colaborando na ordem da criação, gerando filhos e filhas.

> "Portanto, todo aquele que ouve estas minhas palavras, e as põe em prática, será como um homem prudente que construiu sua casa sobre a rocha. Caiu a chuva, vieram as enxurradas, sopraram os ventos e deram contra a casa, mas ela não desabou. Estava fundada na rocha". (Mt 7,24-25)

No matrimônio, o homem e a mulher, incompletos, se juntam e formam um só corpo. A felicidade do casal consiste em um doar-se por amor ao outro. Neste sacramento, nenhum pode buscar apenas a própria felicidade, pois a felicidade pessoal é consequência do fazer o outro feliz. A renúncia e a doação são uma das colunas da vida a dois. Antes, porém, deve estar alicerçado nos valores evangélicos do amor e respeito. A Palavra de Deus e a vida de oração devem ser uma constante na vida do casal.

Ninguém pode impor o casamento ao outro. É uma decisão livre e consciente que cada um deve tomar. Deve vir da certeza de que o compromisso assumido será para a vida toda. O matrimônio não é um contrato jurídico que pode ser rasgado ou desfeito simplesmente, é um pacto de alianças abençoado por Deus.

É hora de PENSAR e REGISTRAR o meu encontro

» No Sacramento do Matrimônio, quais são as colunas que sustentam a vida a dois e por quê?

_____
_____
_____
_____

» Por que a família é chamada de "Igreja doméstica"?

_____
_____
_____
_____

Para CONHECER e APRENDER ✝

Celebração do Sacramento do Matrimônio

"Como o Pai me amou, assim também eu vos amei. Permanecei no meu amor. Se guardardes os meus mandamentos, permanecerei no meu amor, como eu também guardo os mandamentos de meu Pai e permaneço no seu amor. Disse-vos estas coisas para que minha alegria seja completa. Este é o meu mandamento: amai-vos uns aos outros como eu vos amei." (Jo 15,9-12)

Este é maior mandamento: Amar como Jesus nos amou!

O mandamento do amor ao próximo já existia: "Amar a Deus sobre todas as coisas e o próximo como a ti mesmo" (Mt 22,35-36). Porém Jesus eleva este mandamento dizendo que não só devemos amar como amamos a nós mesmos, pois muitas vezes pode ser um amor egoísta, interesseiro, e sim amar o próximo como Jesus nos amou, ou seja, com um amor gratuito, sem interesse. Um amor verdadeiro a ponto de dar a vida pelo bem do outro. Este mandamento é a base do cristianismo, e é o alicerce da vida matrimonial. Quando se deixa um pouco de si para viver um pouco para o outro, com certeza, o matrimônio sobreviverá a todas as dificuldades.

Este amor "ágape", a ponto de suportar o tempo e suas mazelas, e ter a esperança da separação somente na vida eterna, é bem expresso no juramento feito pelo casal no dia da Celebração do Matrimônio. Lembrando que os noivos são ministros do próprio sacramento. O padre ou o diácono, ou ainda a testemunha qualificada, apenas assistem o Matrimônio e dão fé no ato realizado.

O Rito Sacramental descrito pelo Ritual do Matrimônio está assim estruturado:

Rito Sacramental do Matrimônio

Ministro: *Caros noivos, N. e N., vocês vieram aqui para que, na presença do ministro da Igreja e da comunidade cristã, a união matrimonial de vocês seja marcada por Cristo com um sinal sagrado. Cristo abençoa o amor conjugal de vocês. Já tendo consagrado a vocês pelo Batismo, vai enriquecê-los agora com o Sacramento do Matrimônio, para que sejam fiéis um ao outro, no seguimento de Cristo, e a todos os seus deveres.*

Diálogo antes do consentimento

Ministro: *N. e N., vocês vieram aqui para unir-se em matrimônio. Por isso lhes pergunto diante da Igreja:*

É de livre e espontânea vontade que o fazem?

Cada um dos noivos responde: *Sim!*

Ministro: *Abraçando o Matrimônio, vocês prometem amor e fidelidade um ao outro. É por toda vida que o prometem?*

Cada um dos noivos responde: *Sim!*

Ministro: *Estão dispostos a receber com amor os filhos que Deus lhes confiar, educando-os na lei de Cristo e da Igreja?*

Cada um dos noivos responde: *Sim!*

Consentimento

Ministro: *Agora, convido vocês, caros N. e N., a se darem as mãos e a firmarem a sagrada aliança do Matrimônio, manifestando publicamente o seu consentimento.*

Noivo: *Eu, N., te recebo, N., por minha esposa e lhe prometo ser fiel, amar-te e respeitar-te, na alegria e na tristeza, na saúde e na doença, todos os dias da nossa vida.*

Noiva: *Eu, N., recebo, N., por meu esposo e lhe prometo ser fiel, amar-te e respeitar-te, na alegria e na tristeza, na saúde e na doença, todos os dias da nossa vida.*

Aceitação do consentimento

Ministro: *Deus confirme este compromisso que vocês manifestaram perante a Igreja e derrame sobre vocês as suas bênçãos! Ninguém separe o que Deus uniu!*

Todos: *Que Deus, por seu Espírito Santo, os conserve sempre unidos no amor.*

Ministro: *Bendigamos ao Senhor.*

Todos: *Graças a Deus.*

Bênção e entrega das alianças

Ministro: *Deus abençoe † estas alianças que ides entregar um ao outro em sinal de amor e fidelidade.*

Todos: *Amém.*

O esposo/esposa: *N., recebe esta aliança em sinal do meu amor e da minha fidelidade.*

Em nome do Pai, e do Filho, e do Espírito Santo.

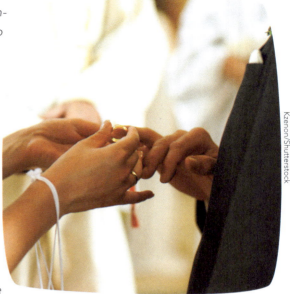

Bênção Nupcial

Ministro: *Caros fiéis, roguemos a Deus que derrame suas bênçãos sobre N. e N. Que Ele ajude bondosamente com seu auxílio aos que enriqueceu com o Sacramento do Matrimônio.*

Ministro: *Pai de amor, ao criar a pessoa humana à vossa imagem, homem e mulher os criastes, para que, unidos num só coração e numa só carne, cumprissem na terra a sua missão.*

Todos: *Nós vos damos graças, Senhor!*

Ministro: *Ó Deus, para revelar o vosso plano de amor, quisestes anunciar no amor do esposo e da esposa a aliança que fizestes com o vosso povo, e no Matrimônio dos vossos fiéis, elevado à dignidade de Sacramento, manifestais o mistério de união e amor de Cristo e da Igreja.*

Todos: *Nós vos damos graças, Senhor!*

Ministro: *Abençoai, agora, estes vossos filhos, estendendo sobre eles vossa mão protetora. Derramai sobre N. e N. a força do vosso Espírito Santo. Concedei-lhes que, pelo Sacramento do Matrimônio, comuniquem entre si os dons do vosso amor e, sendo assim um sinal da vossa presença, se tornem um só coração e uma só alma.*

Todos: *Enviai-lhes o vosso Espírito Santo, Senhor!*

Ministro: *Concedei-lhes também que sustentem com seu trabalho o lar hoje fundado e eduquem seus filhos segundo o Evangelho, a fim de participarem da vossa família no céu.*

Todos: *Enviai-lhes o vosso Espírito Santo, Senhor!*

Ministro: *Dignai-vos derramar vossas bênçãos sobre esta vossa filha N., para que, cumprindo a sua missão de esposa e mãe, aqueça o lar com sua ternura e o adorne com sua graça.*

Todos: *Enviai-lhes o vosso Espírito Santo, Senhor!*

Ministro: *Acompanhai também com vossa benção este vosso filho N., para que cumpra com fidelidade e carinho os deveres de esposo e de pai.*

Todos: *Enviai-lhes o vosso Espírito Santo, Senhor!*

Ministro: *Enfim, ó Pai misericordioso, concedei a N. e N., que hoje se uniram em vossa presença, a graça de participarem, um dia, da festa das bodas eternas no céu. Por Cristo, nosso Senhor.*

Todos: *Amém*

A Igreja Doméstica

Com o Batismo reconhecemos e acolhemos Jesus, tornamo-nos parte de sua família, a sua Igreja. Assim, diz o Catecismo da Igreja Católica (n. 1655-1657):

> Cristo quis nascer e crescer no seio da Sagrada Família de José e Maria. A Igreja não é outra coisa senão a 'família de Deus'. Desde suas origens, o núcleo da Igreja era em geral constituído por aqueles que, 'com toda sua casa', se tornavam cristãos. Quando eles se convertiam, desejavam também que 'toda a sua casa' fosse salva. Essas famílias que se tornavam cristãs eram redutos de vida cristã num mundo incrédulo.
>
> Em nossos dias, num mundo que se tornou estranho e até hostil à fé, as famílias cristãs são de importância primordial, como lares de fé viva e irradiante. Por isso, o Concílio Vaticano II chama a família, usando uma antiga expressão, de 'Ecclesia domestica'. É no seio da família que os pais são 'para os filhos, pela palavra e pelo exemplo... os primeiros mestres da fé (...).
>
> É na família que se exerce de modo privilegiado o sacerdócio batismal do pai de família, da mãe, dos filhos, de todos os membros da família, 'na recepção dos sacramentos, na oração e ação de graças, no testemunho de uma vida santa, na abnegação e na caridade ativa'. O lar é, assim, a primeira escola de vida cristã e 'uma escola de enriquecimento humano'. É aí que se aprende a resistência à fadiga e a alegria do trabalho, o amor fraterno, o perdão generoso e mesmo reiterado e, sobretudo, o culto divino pela oração e oferenda de sua vida."

Como família de fé, somos convidados a cada dia acolher o Verbo, que se encarna no seio de nossa família, toda vez que juntos rezamos, meditamos as Sagradas Escrituras e vivemos os valores evangélicos. Tornamo-nos, assim, verdadeiras Igrejas domésticas.

➤ **Sugestão de Leitura:**

Exortação Apostólica Pós-Sinodal *Amoris laetitia*, do Papa Francisco, sobre o amor na família.

A FÉ QUE PROFESSAMOS

Os sacramentais

Em Cristo, todos os cristãos são abençoados por Deus e convocados a serem bênção para os outros, dando graças, louvando e agradecendo a Deus por toda e qualquer situação: seja pelos momentos felizes, seja pelos momentos de tristeza, dor e perda.

Os sacramentais, instituídos pela Igreja, têm por objetivo ajudar o homem a consagrar toda a vida a Deus, bem como todo o ambiente em que vive. Os sacramentais não conferem a graça do Espírito Santo à maneira dos sacramentos, mas pela oração da Igreja preparam para receber a graça e dispõem à cooperação com ela (cf. ClgC, n. 1670).

Entre os sacramentais, figuram em primeiro lugar as bênçãos (de pessoas, da mesa, de objetos e lugares).

Entre as diversas formas de sacramentais estão, portanto, as bênçãos com um alcance duradouro, que têm por efeito consagrar pessoas a Deus – por exemplo, a bênção de abade ou da abadessa de um mosteiro, da profissão religiosa, de bênçãos para certos ministérios da Igreja (leitores, acólitos, catequistas etc.), bem como de objetos e lugares destinados ao uso litúrgico, (a dedicação ou bênção de uma igreja ou altar, a bênção dos santos óleos, de cálice e vestes litúrgicas etc).

Muitas outras bênçãos podem ser dadas aos cristãos e às coisas que os rodeiam, como as que encontramos no Ritual de Bênçãos:

Bênçãos de pessoas: famílias, cônjuges, crianças, filhos, noivos, antes e depois do parto, idosos, enfermos, missionários etc.

Bênçãos de edifícios e outras coisas: colocação de pedra fundamental, residências, seminários, escolas, bibliotecas, hospitais, instrumentos de trabalho, animais etc.

Bênçãos de coisas que favorecem a devoção do cristão: imagens de santos, terços, escapulários etc.

Os sacramentais compreendem sempre uma oração acompanhada de determinado sinal, como a imposição das mãos, o sinal da cruz ou a aspersão com água benta, que nos recorda o Batismo. Vale recordar que os sacramentais são diferentes dos sacramentos.

Outra bênção importante e muito significativa são as exéquias, celebrações onde abençoamos os fiéis defuntos, aqueles que fizeram sua páscoa e agora encontram-se junto de Deus. É um momento de confessar a fé na esperança de que a morte não é o fim, mas o início de uma nova vida junto de Deus: "Espero a ressurreição dos mortos e a vida do mundo que há de vir" (Símbolo niceno-constantinopolitano).

39º Encontro — A vida de oração

LEIA e MEDITE o texto de Mt 6,5-8.

A oração sempre esteve presente na vida dos cristãos e é a base das nossas comunidades. Jesus também rezava (cf. Lc 11,1). Quando os discípulos pediram para que Jesus os ensinasse a rezar, Ele não ensinou um método nem um modelo, mas sim um diálogo íntimo com Deus.

> "Enquanto Pedro era vigiado na prisão, a Igreja rezava sem cessar a Deus por ele." (At 12,5)

A vida de oração é o que sustenta a fé da comunidade. Em todos os momentos, e de modo especial nos momentos de dificuldade, a Igreja sempre se colocou em oração. Na oração, escutamos o Senhor e apresentamos nossos agradecimentos e pedidos. Todos nós devemos reservar um tempo para Deus, procurando um lugar apropriado, sozinho ou junto com a comunidade.

> A oração é um diálogo espontâneo entre nós e Deus, para uma permanente comunhão com Ele.

É hora de PENSAR e REGISTRAR o meu encontro

» Qual a importância da oração para a Igreja e para cada um de nós?

_____
_____
_____
_____
_____

≫ Quais são os caminhos e instrumentos que nos auxiliam na oração e no encontro com Jesus?

_____
_____
_____
_____

≫ Por que, além da oração pessoal, é importante rezar em comunidade?

_____
_____
_____
_____
_____
_____

Para CONHECER e APRENDER

A Oração do Senhor

A oração é o diálogo amoroso da criatura com o Criador e, no caso de Jesus, um diálogo entre Pai e Filho. Jesus, em vários momentos de sua vida, nos ensina com seu exemplo a importância da oração. E foi por causa do seu testemunho que os discípulos lhe pediram para que os ensinasse a orar.

> Um dia, em certo lugar, Jesus rezava. Quando terminou, um de seus discípulos pediu-lhe: 'Senhor, ensina-nos a orar, como João ensinou seus discípulos' (Lc 11,1). É em resposta a este pedido que o Senhor confia a seus discípulos e à sua Igreja a oração cristã fundamental (CIgC, n. 2759).

O Pai-nosso, a Oração do Senhor, é a principal oração do cristão. A sua importância remonta ao início da Igreja, e é tida como o resumo de todo o Evangelho. Também chamada pela tradicional expressão "Oração dominical" (ou seja, "Oração do Senhor") significa que a oração ao nosso Pai nos foi ensinada e dada pelo Senhor Jesus. Esta oração que nos vem de Jesus é realmente única: ela é "do Senhor" (CIgC, n. 2765). É a mais perfeita das orações, pois ordena nossos pedidos tal como devemos pedi-los.

Jesus não nos deixa uma fórmula a ser repetida mecanicamente. Como vale em relação a toda oração vocal, é pela Palavra de Deus que o Espírito Santo ensina aos filhos de Deus como rezar ao Pai. Jesus nos dá não só palavras de nossa oração filial, mas também, o Espírito pelo qual elas se tornam em nós "Espírito de vida" (CIgC, n. 2766).

Olhando, portanto, para a vida de Jesus, podemos aprender muito sobre a oração:

1. Para rezar, não é preciso muitas palavras, basta um coração puro, humilde e arrependido.

2. Jesus se retirava do meio da multidão. É preciso parar com os afazeres do dia a dia, se retirar e se colocar sozinho no silêncio (cf. Lc 6,12; Mt 14,23).

3. Quando falamos, Deus se cala. É preciso parar e silenciar nossa vida e coração para escutá-lo. Oração é um diálogo.

4. Gratuidade. A oração é desinteressada, rezamos porque precisamos de Deus. A oração é para que se cumpra a sua vontade em nós, e não a nossa (Mc 14,36). Não devemos nos afligir se não recebermos imediatamente nosso pedido, pois com certeza Deus nos quer fazer perseverantes, para permanecermos mais tempo com Ele na oração.

5. Jesus chama a Deus de Pai. Pelo Batismo, recebemos a filiação divina, somos filhos adotivos de Deus. Sendo assim, nós também podemos chamar Deus de Pai.

6. Para alcançarmos um bom relacionamento com Deus, além do nosso esforço, são necessárias algumas atitudes:

   - Reconhecer a soberania de Deus sobre todas as coisas, inclusive sobre nossa vida.

   - Ter humildade, pois o egoísmo leva a pessoa a considerar-se um outro deus, senhor de si.

   - Abrir espaço para que Deus em nós se manifeste, ou seja, dispor algum tempo só para Deus. O cultivo do amor exige disponibilidade e tempo.

   - Desejar ardentemente viver na presença de Deus.

   - Viver os mandamentos: A vida fora dos mandamentos, sem fé, em pecado, só dificulta o nosso relacionamento com Deus; torna-se um obstáculo que só será removido pela busca do perdão.

"...Jesus respondeu: 'Eu sou o caminho, a verdade e a vida. Ninguém vem ao Pai senão por mim'..." (Jo 14,1-11).

A comunhão do Pai com o Filho se dava de modo especial pela oração. Jesus se mantinha unido ao Pai, assim o Pai estava sempre presente Nele. A força da oração era o que os unia. Algumas passagens bíblicas relatam os momentos que Jesus estava orando ao Pai: Jo 17,1-2; Lc 10,21-22; Mt 14,22-23; Lc 9,28.

Nossas orações são levadas ao Pai pelo Filho. É Jesus o mediador, é Ele que nos apresenta o Pai e que se coloca como nosso "intercessor". Assim, na oração da Igreja, homens e mulheres de diversas raças e nações, rezam em todo o mundo através da Liturgia, da oração pessoal e comunitária, pedindo a Deus, em nome de Jesus.

Luis Henrique Alves Pinto

Devemos fazer nossa oração pessoal: quando acordamos, antes de dormir, ao longo do dia para agradecer as nossas conquistas em diversos momentos. Porém só isso não basta, precisamos nos reunir enquanto comunidade e, juntos, rezar a Deus. A missa dominical é o momento por excelência da comunidade de se reunir e rezar a Deus, fazendo memória do seu Projeto de Salvação.

40º Encontro — Pai-nosso

LEIA e MEDITE o texto de Rm 8,15-17.

Chamar Deus de Pai é aceitá-lo como gerador e fonte de vida. É situar-se diante de um Deus *Pai*. Dirigimo-nos a "Alguém" com rosto pessoal, atento aos desejos e necessidades do nosso coração. Dialogamos com um Pai que está na origem de nosso ser, e que é o destino último de nossa existência.

> "Pedi e vos será dado [...] Pois quem pede, recebe [...] vosso Pai, que está nos céus, dará coisas boas aos que pedirem" (Mt 7,7-11).

Quando pronunciamos *Pai*, orientamos todo nosso ser para o único que nos ama, compreende e perdoa, pois somos seus filhos.

> "Ninguém que põe a mão no arado e olha para trás serve para o reino de Deus" (Lc 9,62).

Jesus, sempre ao rezar, dirigia-se a Deus chamando-o de "Abba". Esta expressão aramaica, língua falada no tempo de Jesus, era usada especialmente pelas crianças ao se dirigirem a seus pais. Trata-se de um diminutivo carinhoso (algo como "papai") que ninguém havia atrevido a empregar até então para dirigir-se a Deus. A atitude de Jesus diante de Deus é a daquele que fala a partir da confiança, do afeto e da ternura de uma pequena criança.

Mas Jesus não guarda só para si esta invocação, ensina também aos seus discípulos e a todos nós, para que invoquemos Deus com a mesma confiança e segurança, com a mesma intimidade. Para rezar o Pai-nosso é preciso despertar em nós este "espírito de filho". Devemos aprender a orar com a confiança total de filhos. Deus é um Pai que nos ama com amor insondável e que conhece nossas necessidades.

É hora de PENSAR e REGISTRAR o meu encontro

» Por que Jesus chama a Deus de Pai e nos ensina a fazer o mesmo? E quais atitudes precisamos desenvolver para não nos esquecer do próximo, para estarmos em comunhão com as pessoas reconhecendo-as como irmãs?

_____
_____
_____
_____
_____
_____

» Que atitudes são necessárias para fazer da terra, do lugar onde se vive, um pedacinho do Céu?

_____
_____
_____
_____
_____

Para CONHECER e APRENDER ✝

A oração do Pai-nosso: Os três primeiros pedidos

A Oração do Pai-nosso, também conhecida como "Oração dominical" ou "Oração do Senhor", nos foi ensinada e dada pelo Senhor Jesus. Esta oração que nos vem de Jesus é realmente única; ela é "do Senhor" (CIgC, n. 2765). Vamos compreendê-la melhor.

PAI NOSSO, QUE ESTAIS NOS CÉUS

Rezar o Pai-nosso é reconhecer a todos como irmãos e irmãs, sentir-se em comunhão com todos os homens e mulheres, sem excluir ninguém, sem desprezar nenhum povo nem discriminar qualquer raça. Não podemos ser egoístas e pensar somente em nós. No Pai-nosso não se pede nada só para si mesmo, mas para todos. Ninguém deve ficar excluído.

O céu não corresponde a um lugar, mas designa a presença de Deus, que não está preso ao espaço ou ao tempo. Não devemos procurar o céu por cima das nuvens. Quando nos dedicamos a Deus na sua glória e ao próximo em necessidade, quando fazemos a experiência da alegria do amor, quando nos convertemos e nos reconciliamos com Deus... surge então o céu. Não é Deus que está no céu; o céu (lugar) é que está em Deus.

Podemos dizer que o céu começa aqui na terra. Na Liturgia da Missa, quando o padre convida todos a cantarem a uma só voz o "Santo", unimos a assembleia da terra (Igreja militante) com a Igreja do céu (Igreja triunfante, todos os que morreram na glória de Deus). O céu é todo lugar onde Deus está, ou melhor, é tudo o que está em Deus.

Santificado seja o Vosso Nome

Quando se fala em "santidade" na tradição bíblica, compreendemos o modo próprio de ser de Deus. Só Deus é realmente Santo. Seu modo de ser não pode ser comparado com nada e com ninguém. Assim sendo, a santidade de Deus é exigência e fundamento para a humanidade viver de maneira santa.

> "Em favor deles eu mesmo me consagro, para que também eles sejam consagrados na verdade." (Jo 17,19)

O desejo de pedir que "santificado seja o vosso nome" nasce em nós porque o nome de Deus não é santificado nem glorificado. Seu nome não é reconhecido. Seu nome de Pai é desprezado, ignorado, quando crescem no mundo o ódio, a inveja e as injustiças. Ele é ofendido quando se ofende seus filhos e filhas. Ao rezar pedimos que Deus mesmo santifique seu nome, e que se faça reconhecer por todos.

Concretamente, santificar o nome de Deus significa para nós respeitar a Deus e aceitar sua presença salvadora em nossas vidas, sem pretender manipulá-lo. Significa dar-lhe o lugar devido, em nosso pensar e agir, dar-lhe o lugar devido no nosso coração, sem colocar obstáculos à sua ação salvadora em nós. É colocar só Nele a nossa esperança e confiança. É viver como verdadeiros filhos acolhendo a todos como irmãos.

Venha a nós, o Vosso reino

Jesus tinha a missão de inaugurar um novo Reino, agora não mais temporal, humano, mas um Reino que vai além dessa terra. Um Reino onde reinassem verdadeiramente a paz, a igualdade, a fraternidade, o serviço, o AMOR. Assim, Jesus anuncia o "Reino de Deus", diferente da lógica humana. Reino que não pode ser entendido como o "céu", lugar de recompensa após a morte, tampouco como algo interior, que se realiza no interior dos crentes. Também não devemos confundir com a Igreja, como se o Reino de Deus só se realizasse dentro da instituição eclesiástica.

O Reino de Deus anunciado e inaugurado por Jesus vai muito além. É, em primeiro lugar, acreditar que Deus é o Soberano do povo, o Rei dos Reis, que conduz a humanidade. O Reino de Deus é algo inaugurado nesta terra por Jesus Cristo, que está em marcha e acontece agora. Por isso, ao dizer "venha a nós, o vosso Reino", não estamos pedindo para ao céu, mas estamos almejando que o Reino de Deus se torne realidade entre nós, aqui nesta terra; que chegue sua justiça. Pedimos a conversão, que transforma nosso interior e a realidade inteira do mundo, tanto a vida material quanto espiritual da sociedade, para que seja mais conforme com os desígnios de Deus. Pedimos que o Reino não se limite às fronteiras da Igreja, mas que chegue ao mundo inteiro e também à Igreja.

> "...'O Reino de Deus é como um homem que joga a semente na terra'. [...] 'É como o grão de mostarda que, na semeadura, é a menor de todas as sementes da terra. Mas, depois de semeado, cresce e se torna maior do que todas as hortaliças...'" (Mc 4,26-32).

SEJA FEITA A VOSSA VONTADE, ASSIM NA TERRA COMO NO CÉU

Jesus foi o único que cumpriu a vontade do Pai até o final, foi obediente até a morte de cruz. Na oração de Sua agonia, Ele consente totalmente com a vontade do Pai, dizendo que não se cumpra a sua própria vontade, mas a vontade Daquele que o enviou. É por isso que Jesus entregou a si mesmo pelos nossos pecados, segundo a vontade de Deus. O homem pecou pela desobediência e em não assumir seus próprios erros, Jesus, por sua vez, foi obediente e cumpriu em tudo o Projeto do Pai.

> "Isto é bom e agradável diante de Deus, nosso Salvador. Ele deseja que todos sejam salvos e cheguem ao conhecimento da verdade." (1Tm 2,3-4)

Jesus reza ao Pai pedindo que se cumpra a vontade Dele. Jesus, como verdadeiro homem, também teve a tentação de que, se possível, não precisasse beber do cálice, ou seja, passar pela morte. Mas a obediência de Cristo, em cumprir até o último momento a vontade do Pai, fez com que sua humanidade fosse glorificada e a morte, vencida. Com sua obediência, Jesus resgata o homem da morte eterna.

Assim como Deus tinha um projeto para o Filho e este se cumpriu plenamente, Deus também tem um projeto para cada um de nós. Todo ser humano sonha e planeja o seu futuro, porém, com o passar do tempo nem sempre as coisas acontecem como planejado – o que leva muitos a murmurarem, falarem mal e se revoltarem contra Deus.

Na linguagem bíblica, quando se fala de "céu e terra", o que se quer indicar é a totalidade de tudo o que existe, toda a criação. Mas, como vimos na invocação inicial, o "céu" é o lugar próprio de Deus e a "terra" é o espaço do homem. Nesta perspectiva pedimos que se realize entre a humanidade o que se dá em Deus. Que se realize na terra o desígnio que decidiste no céu; que se faça entre nós a vontade do Pai.

O teólogo cristão Orígenes, em um de seus comentários, escreveu: "Se fosse feita a vontade de Deus na terra como se faz no céu, a terra já não seria terra... seríamos então céu".

Portanto, pedimos a Deus que a sua vontade se faça sempre e em todo lugar, que ninguém e nada se fechem aos seus desígnios, que sua vontade de salvação abrace a tudo.

Jesus foi obediente até o fim, e este é o caminho a seguir. Fazer a vontade do Pai nos introduz numa relação nova e especial com Ele. Jesus resume todos os mandamentos da lei no amor, que nos amemos uns aos outros. Pedimos que o amor que reina no céu seja uma realidade na terra. Onde reina o amor, não há espaço para brigas, inveja, ciúmes, fofocas e violência.

> **Sugestão de Leitura:**

BARONTO, Luiz E. P.; LIMA, Danilo Cesar S. *Oração cristã*: um encontro com Jesus. São Paulo: Paulus, 2014.

A oração do Pai-nosso

Do Tratado sobre a Oração do Senhor, de São Cipriano, século III.

Os preceitos evangélicos, irmãos caríssimos, não são outra coisa que ensinamentos divinos, fundamentos para edificar a esperança, bases para consolidar a fé, alimentos para revigorar o coração, guias para mostrar o caminho, garantias para obter a salvação. Enquanto instruem na terra os espíritos dóceis dos que creem, eles os conduzem para o Reino dos céus.

Outrora quis Deus falar e fazer-nos ouvir de muitas maneiras pelos profetas, seus servos. Mas muito mais sublime é o que nos diz o Filho, a Palavra de Deus, que já estava presente nos profetas e agora dá testemunho pela sua própria voz. Ele não manda mais preparar o caminho para aquele que há de vir, mas vem, ele próprio, mostrar-nos e abrir-nos o caminho para que nós, outrora cegos e imprevidentes, errantes nas trevas da morte, iluminados agora pela luz da graça, sigamos o caminho da vida, sob a proteção e guia do Senhor.

Entre as exortações salutares e os preceitos divinos com que orienta seu povo para a salvação, o Senhor ensinou o modo de orar e nos instruiu e aconselhou sobre o que havemos de pedir. Quem nos deu a vida também nos ensinou a orar com a mesma bondade com que se dignou conceder-nos tantos outros benefícios, a fim de que, dirigindo-nos ao Pai com a súplica e oração que o Filho nos ensinou, sejamos mais facilmente ouvidos.

Jesus havia predito que chegaria a hora em que os verdadeiros adoradores adorariam o Pai em espírito e em verdade. E cumpriu o que prometera. De fato, tendo nós recebido por sua graça santificadora o Espírito e a verdade, podemos adorar a Deus verdadeira e espiritualmente segundo os seus ensinamentos.

Pode haver, com efeito, oração mais espiritual do que aquela que nos foi ensinada por Cristo, que também nos enviou o Espírito Santo? Pode haver prece mais verdadeira aos olhos do Pai do que aquela que saiu dos lábios do próprio Filho que é a Verdade? Assim, orar de maneira diferente da que o Senhor nos ensinou não é só ignorância, mas também culpa, pois Ele mesmo disse: Anulais o mandamento de Deus a fim de guardar as vossas tradições (Mc 7,9).

Oremos, portanto, irmãos caríssimos, como Deus, nosso Mestre, nos ensinou. A oração agradável e querida por Deus é a que rezamos com as suas próprias palavras, fazendo subir aos seus ouvidos a oração de Cristo.

Reconheça o Pai as palavras de seu Filho, quando oramos. Aquele que habita interiormente em nosso coração esteja também em nossa voz; e já que o temos junto ao Pai como advogado por causa de nossos pecados, digamos as palavras deste nosso advogado quando, como pecadores, suplicarmos por nossas faltas. Se Ele disse que tudo o que pedirmos ao Pai em seu nome nos será dado (cf. Jo 14,13), quanto mais eficaz não será a nossa súplica para obtermos o que pedimos em nome de Cristo, se pedirmos com sua própria oração!

41º Encontro — As nossas súplicas ao Pai

LEIA e MEDITE o texto de Mt 6,25-34.

Pedir o pão de cada dia significa pedir a Deus o necessário somente para o dia de HOJE, sabendo que a cada dia temos necessidade dele, mas sem a preocupação de juntar bens para o futuro.

O perdão de Deus desperta em nós a capacidade de perdoar, reproduzindo a mesma atitude do Pai. Rezar o Pai-nosso é ter a consciência de que Deus já ofereceu em Cristo gratuitamente o seu perdão total. Mas só é possível acolher o perdão de Deus abrindo-nos a esse amor misericordioso e criando em nós a mesma atitude. Quem aceita o perdão do Pai, transforma-se e vive perdoando.

Conscientes da nossa condição de pecadores, suplicamos ao Pai que nos dê força e nos ajude a não cair no pecado. Mais do que pedir a Deus que nos liberte das tentações diárias, pedimos que não nos deixe cair na tentação de recusar o seu Projeto de Salvação, o Reino que Ele nos preparou, e abandonar a fé em Jesus Cristo.

O pedido dirigido a Deus para nos livrar do mal não é apenas para que Ele nos livre das dificuldades e dos males de cada dia, para viver de maneira tranquila e despreocupada. Pedimos ao Pai que nos livre do mal que pode nos afastar do seu Reino, do seu Projeto de Salvação, da sua presença.

É hora de PENSAR e REGISTRAR o meu encontro

» Ao rezar "o pão nosso de cada dia nos dai hoje", o que estamos pedindo?
_____
_____
_____
_____

» Quem é o maior beneficiado quando damos o perdão?
_____
_____
_____
_____

» Dar o perdão ao próximo é condição para recebermos o perdão de Deus? Por quê?
_____
_____
_____
_____
_____

Para CONHECER e APRENDER

A oração do Pai-nosso: Os quatro últimos pedidos

O PÃO NOSSO DE CADA DIA NOS DAI HOJE

Com este pedido começa a segunda parte da Oração do Senhor. Os três primeiros pedidos estavam centrados em Deus: "Teu nome", "Teu reino", "Tua vontade". A partir de agora a atenção se volta para nós mesmos: "nosso pão", "nossas ofensas", "não nos deixes cair em tentação", "livra-nos do mal".

> "Eles eram perseverantes em ouvir o ensinamento dos apóstolos, na comunhão fraterna, na partilha do pão e nas orações." (At 2,42)

Pedir pão é um gesto próprio dos mais pobres, que não têm o mínimo para viver.

Na língua materna de Jesus, o pão significava "alimento" de modo geral, o mais básico e essencial para uma pessoa sobreviver. A vida depende do pão, por isso pedimos a Deus esse alimento necessário e indispensável. Não vivemos sem nos alimentar, então, pedindo o pão a Deus, reconhecemos nossa total dependência Dele; reconhecemos que dependemos de Deus inclusive para o nosso sustento material. Quando pedimos o pão ao Pai, estamos pedindo algo bom e necessário para viver.

Porém esse pedido não é feito no singular, "pão meu", mas no plural, "pão nosso", lembrando que o pão não é só minha necessidade particular, mas expressa a necessidade de todos os homens e mulheres da terra. Pedimos ao Pai o pão do qual cada ser humano necessita para viver. Não temos o direito de pensar só em nos satisfazer, em nossas necessidades, esquecendo-nos dos milhões de pessoas que passam fome e não têm o mínimo para sobreviver. Quantos famintos e desnutridos estão espalhados pelo mundo, e ao nosso lado? É nosso dever e obrigação, como cristãos, partilhar o pão que temos. Enquanto houver alguém com necessidade e passando fome, o pão que guardamos e acumulamos é alimento injusto, não nos pertence. Lembremos o que disse Jesus no Evangelho de Mateus 25,35: "Tive fome e me destes de comer, tive sede e me deste de beber". Portanto, ao fazer este pedido, não podemos ignorar os menos favorecidos. Sempre existe alguém mais pobre do que nós, com o qual podemos partilhar o que temos em nossa mesa (alimentos, roupas, brinquedos, livros etc.).

Pedir o pão de cada dia significa pedir a Deus o necessário somente para HOJE, para o presente, sabendo que temos necessidade dele, mas sem a preocupação de juntar bens para o futuro. Lembremos aqui o texto bíblico que hoje meditamos. Não pedimos riqueza nem bem-estar, mas o necessário para nos alimentar dia a dia, cobrindo nossas necessidades fundamentais. Isso implica todo um estilo de vida de maneira sóbria e confiante a Deus.

Nos diz o Catecismo da Igreja Católica (n. 2861) que o "pão nosso designa o alimento terrestre necessário à subsistência de todos nós e significa também o Pão de Vida: Palavra de Deus e Corpo de Cristo". Ao pedir ao Pai o pão, estamos reconhecendo nossa completa dependência Dele, não só no nível do sustento material, mas também da necessidade do pão da Sua Palavra e da Eucaristia para alimentar nosso espírito, "pois não só de pão vive o homem, mas de toda palavra que sai da boca de Deus" (Mt 4,4). Pedimos o Evangelho, a Palavra de Deus que alimenta nosso viver diário, e o pão do Corpo e Sangue de Cristo. Para nós cristãos, o verdadeiro pão é o próprio Cristo: "Eu sou o pão vivo que desceu do céu. Quem come deste pão viverá eternamente. E o pão que eu darei é minha carne, entregue pela vida do mundo" (Jo 6,51). O pedido de pão adquire uma riqueza extraordinária. Pedimos sustento material e alimento espiritual, tudo o que é necessário para viver.

> Desde o dia em que fomos batizados, passamos a fazer parte desta grande família, que é a Igreja Católica Apostólica Romana, e assumimos a responsabilidade pela sua manutenção e pelas obras de evangelização. Ser dizimista é o gesto concreto de se comprometer com o anúncio do Evangelho.

Perdoai-nos as nossas ofensas, assim como nós perdoamos a quem nos tem ofendido

O pecado na Bíblia pode ser entendido de diversas formas: rebeldia contra Deus, desviando-se de seus caminhos e se afastando de sua presença, desobediência, infidelidade a sua aliança, recusa do seu amor. Na oração do Pai-nosso, porém, considera-se pecado uma "dívida", um vazio, uma falta de resposta ao dom imenso de Deus. O grande pecado da humanidade é a falta de resposta ao seu amor de Pai. Estamos em dívida com Deus.

> *"Porque, se perdoardes as ofensas dos outros, vosso Pai celeste também vos perdoará. Mas, se não perdoardes aos outros, vosso Pai também não vos perdoará as ofensas."* (Mt 6,14-15)

Para Jesus, o verdadeiro pecado é a omissão. No último dia seremos julgados não pelo mal que tenhamos praticado, mas pelo que deixamos de fazer aos famintos, pobres, enfermos, estrangeiros, encarcerados, abandonados e excluídos. "Em verdade, vos digo, todas as vezes que não fizestes isso a um desses pequeninos, foi a mim que o deixastes de fazer" (Mt 25,45).

O pecado, portanto, não é só transgressão a uma lei, é muito mais: é deixar de responder ao Projeto de Amor e Salvação que Deus tem para cada um de nós. É uma ofensa pessoal a um Pai do qual tudo recebemos e que espera que nos amemos como verdadeiros irmãos.

Nosso pedido de perdão só é possível se reconhecemos nosso pecado e nossa dívida. Todos somos pecadores, e Deus conhece o coração de cada um de nós e nos perdoa sempre. Porém é preciso que olhemos para dentro de nós, que examinemo-nos e reconheçamos que somos pecadores. Assim como os doentes são os que precisam de médico, os pecadores são os que precisam de Deus.

Quando reconhecemos ser pecadores, quando nos arrependemos, nasce em nós um pedido, uma súplica: *Perdoai-nos*. O arrependimento é fundamental para que esse pedido seja sincero e de coração. É preciso reconhecer que somos pequenos, fracos e pecadores.

O perdão de Deus aparece vinculado ao perdão que nós concedemos aos irmãos. Mas como entender esta relação? É preciso termos claro que nosso perdão não é condição indispensável para receber o perdão de Deus, pelo contrário, o perdão aos nossos irmãos é consequência ou fruto do perdão que recebemos de Deus.

Claro que Jesus advertiu que para receber o perdão de Deus se requer que perdoemos nossos irmãos, e insiste nisso como nos mostram várias passagens das Escrituras: Mc 11,25; Lc 6,37; Mt 11,25; Mt 5,23-24. Nosso perdão ao irmão não é algo prévio que devemos fazer para merecer o perdão do Pai. O perdão de Deus é absolutamente gratuito, sem merecimento algum de nossa parte.

É o perdão e a misericórdia de Deus que suscitam em nós a capacidade de perdoar e de reproduzir para com os irmãos a mesma atitude Dele conosco. Assim entendemos as exortações entre os primeiros cristãos: "sede bondosos e compassivos, uns para com os outros, perdoando-vos mutuamente, como Deus vos perdoou em Cristo" (Ef 4,32; cf. Cl 3,13).

Rezar o Pai-nosso é ter a consciência de que Deus já ofereceu em Cristo gratuitamente o seu perdão total. Mas só é possível acolher o perdão de Deus abrindo-nos a esse amor misericordioso, criando em nós a mesma atitude. Quem aceita o perdão do Pai, transforma-se e vive perdoando –

> "Quantas vezes devo perdoar ao irmão que pecar contra mim? Até sete vezes? Jesus lhe respondeu: 'Não te digo até sete vezes, mas setenta e sete vezes.'" (Mt 18,21-22)

"até setenta vezes sete" (Mt 18,22). Ao contrário, quem não se transformou abrindo-se ao amor e guarda rancor, continua a pedir conta dos outros. Nossa oração não pode ser hipócrita. Não podemos ser desumanos e resistir a perdoar, precisamente quando estamos invocando para nós a misericórdia do Pai.

Sendo assim, nosso perdão não precede o perdão de Deus, mas o nosso pedido de perdão. Nosso perdão não é uma condição para que Deus nos perdoe, mas para que nosso pedido seja sincero. Se podemos dizer "como nos perdoamos...", é porque já recebemos o perdão de Deus. É porque fomos perdoados pelo Pai que podemos perdoar aos irmãos, e porque podemos perdoar aos irmãos nos é permitido implorar a Deus sinceramente seu perdão definitivo.

Não nos deixeis cair em tentação

A sexta petição da oração do Pai-nosso é a única formulação negativa. Conscientes da nossa condição de pecadores, suplicamos ao Pai que nos dê força e nos ajude a não cair no pecado. Mais do que pedir a Deus que nos liberte das tentações diárias, pedimos que não nos deixe cair na tentação radical e definitiva de recusar o seu Projeto de Salvação, o Reino que Ele nos preparou e abandonar a fé em Jesus Cristo.

> "Aquele que acredita estar em pé cuide que não caia. Nenhuma tentação vos assaltou que não fosse humana. Deus é fiel: Ele não permitirá que sejais tentados acima de vossas forças; mas com a tentação, Ele dará os meios para que possais resistir-lhe." (1Cor 10,12-13)

Como seres humanos, somos livres, porém condicionados e influenciados por muitos fatores para fazer nossas escolhas (TV, *internet*, redes sociais, amigos...). Somos fracos e expostos a todo tipo de perigo que pode arruinar o projeto de Deus para nós. O mal nos ameaça e, a qualquer momento, podemos cair no egoísmo e na infidelidade. A partir dessa realidade frágil e ameaçada, brota nossa súplica pedindo a Deus que nos ajude.

Quando pedimos a Deus para não nos deixar cair em tentação, não pedimos uma "redoma de vidro" à prova das tentações, pelo contrário, pedimos a força e a sabedoria Dele para vencê-las, para não cairmos nas armadilhas do tentador. Na nossa caminhada terrestre estamos sujeitos a todos os tipos de tentações, situações que nos serão atrativas e que parecerão lucrativas em um primeiro momento, mas que no final nos deixará o gosto amargo da culpa. A tentação maior é a de recusar Deus, de fechar-nos ao seu amor e substituí-lo por nosso próprio egoísmo.

Tentações teremos, mas Deus é aquele que, no meio das provas, dá forças para que possamos vencê-las. Pedimos a Deus que não nos deixe ceder à tentação. Ele é fiel e não permitirá que sejamos tentados acima das nossas forças.

Jesus então nos deixa uma advertência: "Vigiai e orai, para não cairdes em tentação!" (Mc 14,38). Ele nos ensina que diante da tentação a nossa atitude deve ser dupla: vigiar e rezar. Não podemos subestimar a tentação achando que somos fortes e que sozinhos conseguimos vencê-la. "Quem julga estar de pé tome cuidado para não cair", nos diz a leitura de São Paulo à comunidade de Coríntios (1Cor 10,12).

Orar e vigiar significa tomar consciência da nossa fraqueza e não cair no orgulho ou na autossuficiência. Saber que precisamos orar e vigiar é manter ativa nossa liberdade pessoal e confiar na graça de Deus.

Deus criou o céu e a terra, nesse sentido o mundo é bom, pois é obra de Deus, é sua criação. Porém, constatamos a presença obscura do mal: o pecado, as guerras, as injustiças, a corrupção, a fome, as doenças, as desgraças, a morte. Diante disto lançamos um grito de socorro a Deus, nosso Pai: "livrai-nos do mal".

O pedido dirigido a Deus para nos livrar do mal não é apenas para que Ele nos livre das dificuldades e dos males de cada dia. Pedimos, especialmente, para que nos livre do mal que pode nos afastar do seu Reino, do seu Projeto de Salvação, da sua presença.

Mas livrai-nos do mal

O mal, refere-se a uma pessoa: Satanás. Como podemos verificar nos Evangelhos, esse é o "maligno" (Jo 17,15), "o tentador" (Mt 4,3), "homicida e mentiroso" (Jo 12,31), "príncipe deste mundo" (Jo 12,31), que luta contra o Reino de Deus, que arranca a Palavra semeada no coração da pessoas (Mt 13,19) e que semeia o "joio" no meio do trigo, segundo o Evangelho que hoje proclamamos. Sabemos que seu poder foi vencido por Jesus, mas ele ainda está no meio de nós, mesmo que por pouco tempo, pois Jesus, quando voltar pela segunda vez, no dia da colheita, então separará definitivamente o trigo do joio, os bons dos maus. No Pai-nosso, ao pedir que nos livre do Maligno, pede-se a Deus igualmente que nos livre do poder e da força hostil dele. Que sejamos libertados de todos os males, presentes, passados e futuros, dos quais ele é autor e instigador.

Sabemos que o pecado e a maldade não estão só no coração das pessoas, mas enraizados nas estruturas da sociedade, nas instituições, nos sistemas, nas culturas e nos costumes injustos e imorais. Um pecado que nos ultrapassa e que está atuando contra o Reino de Deus e contra o ser humano. O mal está aí com todo o seu poder, e insiste em nos enganar.

Como cristãos não devemos ter medo, mas sim confiar em Deus e lutar contra os embustes e as ciladas do demônio, enquanto esperamos a plena manifestação de Jesus Cristo em sua segunda vinda. Nessa espera, prosseguimos pedindo ao Pai a sua proteção salvadora. O Pai-nosso é a oração diária do cristão!

Amém

Ao concluir a oração do Pai-nosso cotidianamente dizemos o "amém", que significa "que isso se faça", "que assim seja", "que aconteça tudo o que acabamos de rezar". É como se fosse a nossa assinatura atestando o que acabamos de pedir, e que verdadeiramente se cumpra tudo o que está contido na oração que o Senhor nos ensinou.

> "Àquele que está sentado no trono e ao Cordeiro, o louvor, a honra, a glória e o poder pelos séculos dos séculos." (Ap 5,13)

42º Encontro — Sal da terra e luz do mundo

LEIA e MEDITE o texto de Mt 5,13-16.

Jesus utiliza o sal e a luz como símbolos da missão assumida pelos que Nele foram batizados. Como cristãos, somos chamados a sal e luz para a humanidade, que vive o vazio do consumismo, do *status*, da ganância e do poder. Devemos dar um novo sabor, e iluminar as inúmeras realidades de escuridão e trevas presentes em nossa sociedade. O sabor do sal e a luz da lâmpada equivalem às nossas boas obras quando testemunhamos os valores evangélicos, quando não somos omissos ou coniventes com a injustiça, desigualdade, corrupção, exploração, violência, intolerância, discriminação...

Para CONHECER e APRENDER

> Sugestão de Leitura:

Exortação Apostólica *Gaudete et Exsultate*, do Papa Francisco, sobre a chamada à santidade no mundo atual. É facilmente encontrado na *internet* e nas livrarias católicas.

A Igreja de amanhã agora depende de você!

Querido irmão, querida irmã,

Durante vários anos a equipe de "O CAMINHO" se dedicou a escrever os subsídios que orientaram seus catequistas, assim como o Diário que você utilizou para refletir e aprofundar a temática trabalhada em cada encontro. Todo esse trabalho foi feito com muito carinho e dedicação, pois queríamos partilhar com você um pouco do que acreditamos, da fé que professamos e das maravilhas que Deus em nós tem realizado. É uma maneira que encontramos de colocar nossos dons e talentos a serviço da Igreja e do Reino de Deus. Até aqui cumprimos nossa parte...

Agora você também, como nós, é chamado(a) a encontrar seu lugar na grande vinha do Senhor e colocar-se a serviço. Esta, sem dúvida, é a função da catequese ou do processo de Iniciação à Vida Cristã: FORMAR DISCÍPULOS MISSIONÁRIOS DE JESUS CRISTO. Nesse caminho você pode descobrir que, na Igreja, não somos meros espectadores, mas atores principais: cada um tem um papel, uma função na edificação do Reino, um compromisso a ser assumido e que ninguém poderá fazê-lo em seu lugar.

Assim como nós recebemos, transmitimos...A Igreja de amanhã agora depende de você!

Unidos à Maria, a primeira discípula, peçamos a sua intercessão para darmos o nosso SIM a cada manhã, até o dia em que nos encontraremos e formaremos uma só família, na grande assembleia dos Santos, no Reino dos Céus que o Senhor preparou para nós.

Bom trabalho! Boa missão!
Equipe O CAMINHO

Algumas orações cristãs

SINAL DA CRUZ
Em nome do Pai, e do Filho, e do Espírito Santo. Amém.

PERSIGNAR-SE
Pelo sinal (†) da santa cruz, livrai-nos, Deus (†), nosso Senhor, dos nossos (†) inimigos.

ORAÇÃO DO PAI-NOSSO
Pai nosso que estais nos Céus, santificado seja o Vosso Nome, venha a nós o Vosso reino, seja feita a vossa vontade, assim na terra como no Céu. O pão nosso de cada dia nos dai hoje; perdoai-nos as nossas ofensas, assim como nós perdoamos a quem nos tem ofendido, e não nos deixeis cair em tentação, mas livrai-nos do mal. (Pois teu é o Reino, o poder e a glória para sempre.) Amém.

INVOCAÇÃO AO ESPÍRITO SANTO
Vinde, Espírito Santo, enchei os corações dos vossos fiéis e acendei neles o fogo do vosso amor. Enviai o vosso Espírito, e tudo será criado, e renovareis a face da terra. Oremos: Ó Deus, que instruístes os corações dos vossos fiéis com a luz do Espírito Santo, fazei que apreciemos retamente todas as coisas segundo este mesmo Espírito e gozemos sempre da sua consolação. Por Cristo, Senhor nosso. Amém.

AVE-MARIA
Ave Maria, cheia de graça (Lc 1,28a), o Senhor é convosco (Lc 1,28b).

Bendita sois vós entre as mulheres (Lc 1,42a) e Bendito é o Fruto do vosso ventre, Jesus! (Lc 1,42b).

Santa Maria, Mãe de Deus, rogai por nós, pecadores, agora e na hora de nossa morte. Amém!

ORAÇÃO DO "ANGELUS"

L 1: O anjo do Senhor anunciou à Maria,

L 2: e ela concebeu do Espírito Santo.

Todos: Ave Maria, cheia de graça...

L 1: Eis aqui a serva do Senhor,

L 2: faça-se em mim segundo Sua palavra.

Todos: Ave Maria, cheia de graça...

L 1: E o verbo se fez carne

L 2: e habitou entre nós.

Todos: Ave Maria, cheia de graça...

Oremos:

Infundi, Senhor, a vossa graça em nossas almas para que, conhecendo pela anunciação do anjo a encarnação de vosso Filho Jesus Cristo, cheguemos, por sua paixão e cruz, à glória da ressurreição. Por nosso Senhor Jesus Cristo, vosso Filho, que é Deus convosco, na unidade do Espírito Santo. Amém.

SALVE-RAINHA

Salve, Rainha, mãe misericordiosa, vida, doçura, esperança nossa, salve. A vós bradamos, os degredados filhos de Eva. A vós suspiramos, gemendo e chorando neste vale de lágrimas. Eia, pois, advogada nossa, esses vossos olhos misericordiosos a nós volvei, e depois deste desterro mostrai-nos Jesus, bendito fruto de vosso ventre. Ó clemente, ó piedosa, ó doce sempre Virgem Maria.

V.: Rogais por nós Santa Mãe de Deus.

R.: Para que sejamos dignos das promessas de Cristo.

ATO DE CONTRIÇÃO

Senhor meu, Jesus Cristo, Deus e homem verdadeiro, Criador e Redentor meu! Por serdes vós quem sois, sumamente bom e digno de ser amado sobre todas as coisas; e porque vos amo e estimo, pesa-me, Senhor, de todo o meu coração, por vos ter ofendido. Pesa-me também por ter perdido o céu e merecido o inferno. Mas proponho firmemente, ajudado com o auxílio de vossa divina graça, emendar-me e nunca mais vos tornar a ofender. E espero alcançar o perdão das minhas culpas, pela vossa infinita misericórdia. Amém.

ATO DE ARREPENDIMENTO

Meu Deus e meu Pai, tende piedade de mim! Curai-me, porque eu pequei contra vós. Meu Jesus, misericórdia! Eu me arrependo de vos ter ofendido.

Concedei-me a graça de não cometer o pecado e fugir das ocasiões de pecar. Dai-me a graça de cumprir bem os meus deveres de cristão. Amém.

O SANTO ROSÁRIO DE NOSSA SENHORA

Mistérios Gozosos (Segunda-feira e Sábado)

No primeiro Mistério de Alegria, contemplemos a anunciação do Arcanjo São Gabriel à Virgem Maria (Lc 1,26-38).

1 Pai-nosso, 10 Ave-Marias, 1 Glória ao Pai e a oração jaculatória: "Ó meu Jesus, perdoai-nos. Livrai-nos do fogo do inferno. Levai as almas todas para o Céu e socorrei, principalmente, aquelas que mais precisarem da vossa Misericórdia".

No segundo Mistério de Alegria, contemplemos a visita de Nossa Senhora à sua prima Santa Isabel (Lc 1,39-56).

1 Pai-nosso, 10 Ave-Marias, 1 Glória ao Pai. "Ó meu Jesus...".

No terceiro Mistério de Alegria, contemplemos o nascimento de Jesus Cristo em Belém (Lc 2, 1-15).

1 Pai-nosso, 10 Ave-Marias, 1 Glória ao Pai. "Ó meu Jesus...".

No quarto Mistério de Alegria, contemplemos a apresentação de Jesus no Templo (Lc 2, 22-35).

1 Pai-nosso, 10 Ave-Marias, 1 Glória ao Pai. "Ó meu Jesus...".

No quinto Mistério de Alegria, contemplemos o menino Jesus encontrado no Templo, entre os doutores da Lei (Lc 2, 42-52).

1 Pai-nosso, 10 Ave-Marias, 1 Glória ao Pai. "Ó meu Jesus...".

Concluído o quinto e último Mistério de Alegria, reza-se o Agradecimento e a Salve-Rainha.

Mistérios Dolorosos (Terça-feira e Sexta-feira)

No primeiro Mistério de Dor, contemplemos a oração e agonia de Jesus Cristo no Horto das Oliveiras (Mc 14,32-42).

1 Pai-nosso, 10 Ave-Marias, 1 Glória ao Pai e a oração jaculatória: "Ó meu Jesus, perdoai-nos. Livrai-nos do fogo do inferno. Levai as almas todas para o Céu e socorrei, principalmente, aquelas que mais precisarem da vossa misericórdia".

No segundo Mistério de Dor, contemplemos a flagelação de Jesus Cristo, atado a uma coluna (Jo 19,1).

1 Pai-nosso, 10 Ave-Marias, 1 Glória ao Pai. "Ó meu Jesus...".

No terceiro Mistério de Dor, contemplemos Jesus coroado de espinhos (Mt 27,29).

1 Pai-nosso, 10 Ave-Marias, 1 Glória ao Pai. "Ó meu Jesus...".

No quarto Mistério de Dor, contemplemos Jesus carregando a cruz a caminho do Monte Calvário (Lc 23,26-32).

1 Pai-nosso, 10 Ave-Marias, 1 Glória ao Pai. "Ó meu Jesus…".

No quinto Mistério de Dor, contemplemos a crucifixão e morte de nosso Senhor, Jesus Cristo (Lc 23,33-47).

1 Pai-nosso, 10 Ave-Marias, 1 Glória ao Pai. "Ó meu Jesus…".

Concluído o quinto e último Mistério de Dor, reza-se o Agradecimento e a Salve-Rainha.

Mistérios Luminosos (Quinta-feira)

No primeiro Mistério de Luz, contemplemos Jesus Cristo sendo batizado por São João Batista no Rio Jordão (Mt 3,13-17).

1 Pai-nosso, 10 Ave-Marias, 1 Glória ao Pai e a oração jaculatória: "Ó meu Jesus, perdoai-nos. Livrai-nos do fogo do inferno. Levai as almas todas para o Céu e socorrei, principalmente, aquelas que mais precisarem da vossa misericórdia".

No segundo Mistério de Luz, contemplemos Jesus Cristo nas bodas de Caná, transformando água em vinho, a pedido de sua Mãe (Jo 2,1-12).

1 Pai-nosso, 10 Ave-Marias, 1 Glória ao Pai. "Ó meu Jesus…".

No terceiro Mistério de Luz, contemplemos Jesus anunciando a chegada do Reino de Deus e convidando o povo à conversão (Mc 1,14-15).

1 Pai-nosso, 10 Ave-Marias, 1 Glória ao Pai. "Ó meu Jesus…".

No quarto Mistério de Luz, contemplemos a transfiguração de Jesus no Tabor (Lc 9,28-36).

1 Pai-nosso, 10 Ave-Marias, 1 Glória ao Pai. "Ó meu Jesus…".

No quinto Mistério de Luz, contemplemos Jesus Cristo no Cenáculo, na Santa Ceia, instituindo o Sacramento da Eucaristia (Mt 26, 26-29).

1 Pai-nosso, 10 Ave-Marias, 1 Glória ao Pai. "Ó meu Jesus…".

Concluído o quinto e último Mistério de Luz, reza-se o Agradecimento e a Salve Rainha.

Mistérios Gloriosos (Quarta-feira e Domingo)

No primeiro Mistério de Glória, contemplemos a ressurreição de Nosso Senhor, Jesus Cristo (Mc 16,1-8).

1 Pai-nosso, 10 Ave-Marias, 1 Glória ao Pai e a oração jaculatória: "Ó meu Jesus, perdoai-nos. Livrai-nos do fogo do inferno. Levai as almas todas para o Céu e socorrei, principalmente, aquelas que mais precisarem da vossa misericórdia".

No segundo Mistério de Glória, contemplemos a ascensão de Jesus Cristo aos céus (At 1,3-11).

1 Pai-nosso, 10 Ave-Marias, 1 Glória ao Pai. "Ó meu Jesus…".

No terceiro Mistério de Glória, contemplemos a vinda do Espírito Santo sobre Nossa Senhora e os Apóstolos, reunidos no Cenáculo (At 2,1-14).

1 Pai-nosso, 10 Ave-Marias, 1 Glória ao Pai. "Ó meu Jesus…".

No quarto Mistério de Glória, contemplemos a assunção de Nossa Senhora, em corpo e alma, ao céu (1Cor 15,20-23.53-55).

1 Pai-nosso, 10 Ave-Marias, 1 Glória ao Pai. "Ó meu Jesus…".

No quinto Mistério de Glória, contemplemos a coroação e exaltação de Nossa Senhora sobre todos os coros dos Anjos e dos Santos (Ap 12,1-6).

1 Pai-nosso, 10 Ave-Marias, 1 Glória ao Pai. "Ó meu Jesus…".

Concluído o quinto e último Mistério de Glória, reza-se o Agradecimento e a Salve-Rainha.

Agradecimento no final do terço

Infinitas graças vos damos, Soberana Rainha, pelos benefícios que todos os dias recebemos de vossas mãos liberais! Dignai-vos, agora e para sempre, tomar-nos debaixo do vosso poderoso amparo; e, para mais vos agradecer, vos saudamos com uma Salve Rainha.

ORAÇÃO À SANTA FAMÍLIA
(Papa Francisco - *Amoris Laetitia*, 325)

Jesus, Maria e José, em Vós contemplamos o esplendor do verdadeiro amor, confiantes, a Vós nos consagramos.

Sagrada Família de Nazaré, tornai também as nossas famílias lugares de comunhão e cenáculos de oração, autênticas escolas do Evangelho e pequenas igrejas domésticas.

Sagrada Família de Nazaré, que nunca mais haja nas famílias episódios de violência, de fechamento e divisão;

e quem tiver sido ferido ou escandalizado seja rapidamente consolado e curado.

Sagrada Família de Nazaré, fazei que todos nos tornemos conscientes do carácter sagrado e inviolável da família, da sua beleza no projeto de Deus.

Jesus, Maria e José, ouvi-nos e acolhei a nossa súplica. Amém.

Conecte-se conosco:

 facebook.com/editoravozes

 @editoravozes

 @editora_vozes

 youtube.com/editoravozes

+55 24 2233-9033

www.vozes.com.br

Conheça nossas lojas:
www.livrariavozes.com.br

Belo Horizonte – Brasília – Campinas – Cuiabá – Curitiba
Fortaleza – Juiz de Fora – Petrópolis – Recife – São Paulo

EDITORA VOZES LTDA.
Rua Frei Luís, 100 – Centro – Cep 25689-900 – Petrópolis, RJ
Tel.: (24) 2233-9000 – E-mail: vendas@vozes.com.br